zu Seite 15

 zu Seite 17

zu Seite 33

zu Seite 47

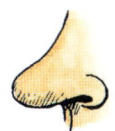

zu Seite 50

zu Seite 81

zu Seite 102

220003372

Tobi Klebebogen 2

Tobi

**Arbeitsheft
zum Erstlesebuch**

von

Wilfried Metze

mit Illustrationen von

Burkhard Kracke und

Silke Voigt

Cornelsen

1: Bilder von Reimwörtern miteinander verbinden;
DIFF: eigene Reime gemeinsam finden – ein Kind nennt einen Begriff (z.B. von dieser Seite),
ein anderes Kind sucht ein passendes Reimwort und ist als nächstes dran – P/G

 **Silben**

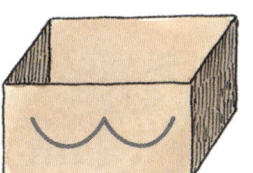

1, 2: Bildwörter nach Silben getrennt sprechen, verbunden mit Silbenschwingen oder -klatschen;
Bilder mit dem passenden Kasten verbinden; DIFF: entsprechende Bildkärtchen in Kästen sortieren – P/G

3

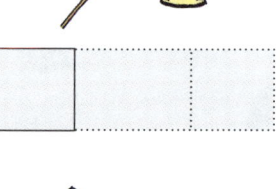
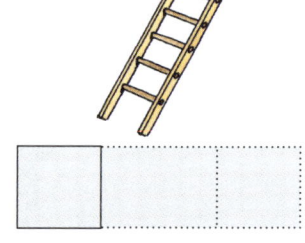

L

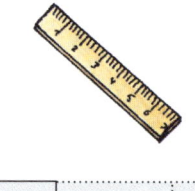

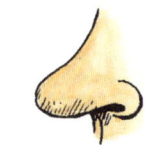

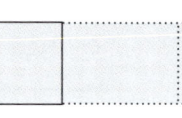
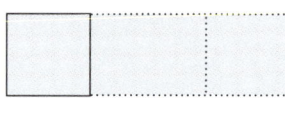

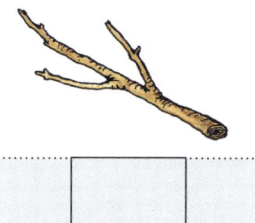

L

1: Buchstabenkärtchen von Klebebogen 1 ausschneiden, Namen legen, Namen kleben
2: Bildwörter nach dem Anlaut abhören; unter die Bilder, deren Wort mit dem L/l-Laut beginnt, den Buchstaben L schreiben
3: Bildwörter nach dem Inlaut abhören; unter die Bilder, bei denen im Inlaut ein L/l-Laut zu hören ist, den Buchstaben l schreiben

4

1

L l

Lineal Elefant Lampe Löffel Esel

2

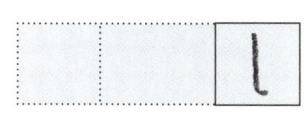 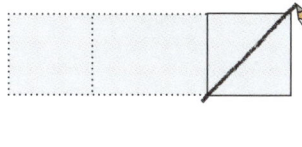 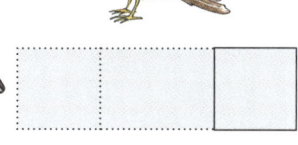 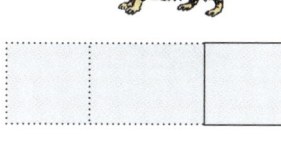

   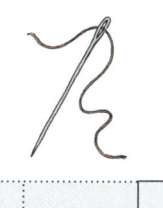

 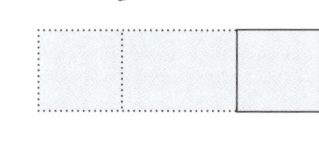 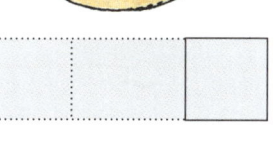

3

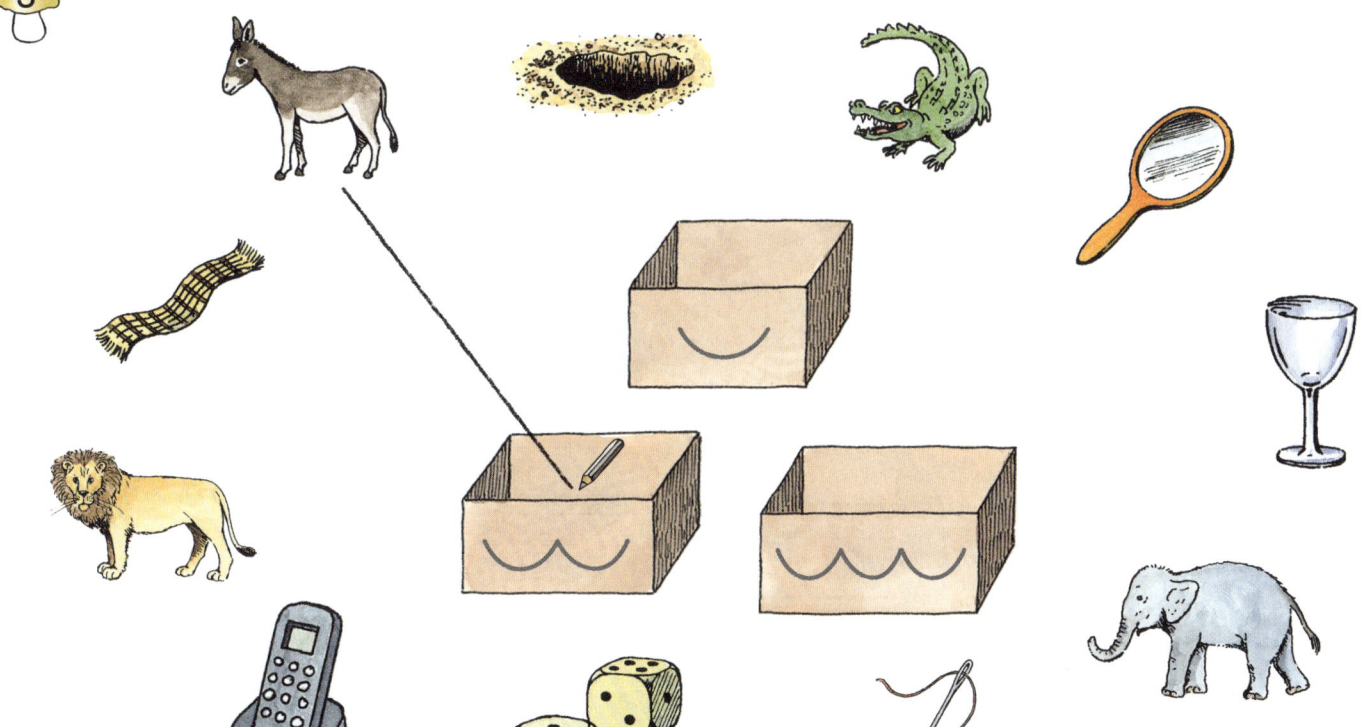

1: Buchstaben L und l nachspuren
2: Bildwörter nach dem Endlaut abhören; unter die Bilder, deren Wort mit dem L/l-Laut endet, den Buchstaben l schreiben
3: Bildwörter nach Silben getrennt sprechen, verbunden mit Silbenschwingen oder -klatschen; Bilder mit dem passenden Kasten verbinden

5

O o

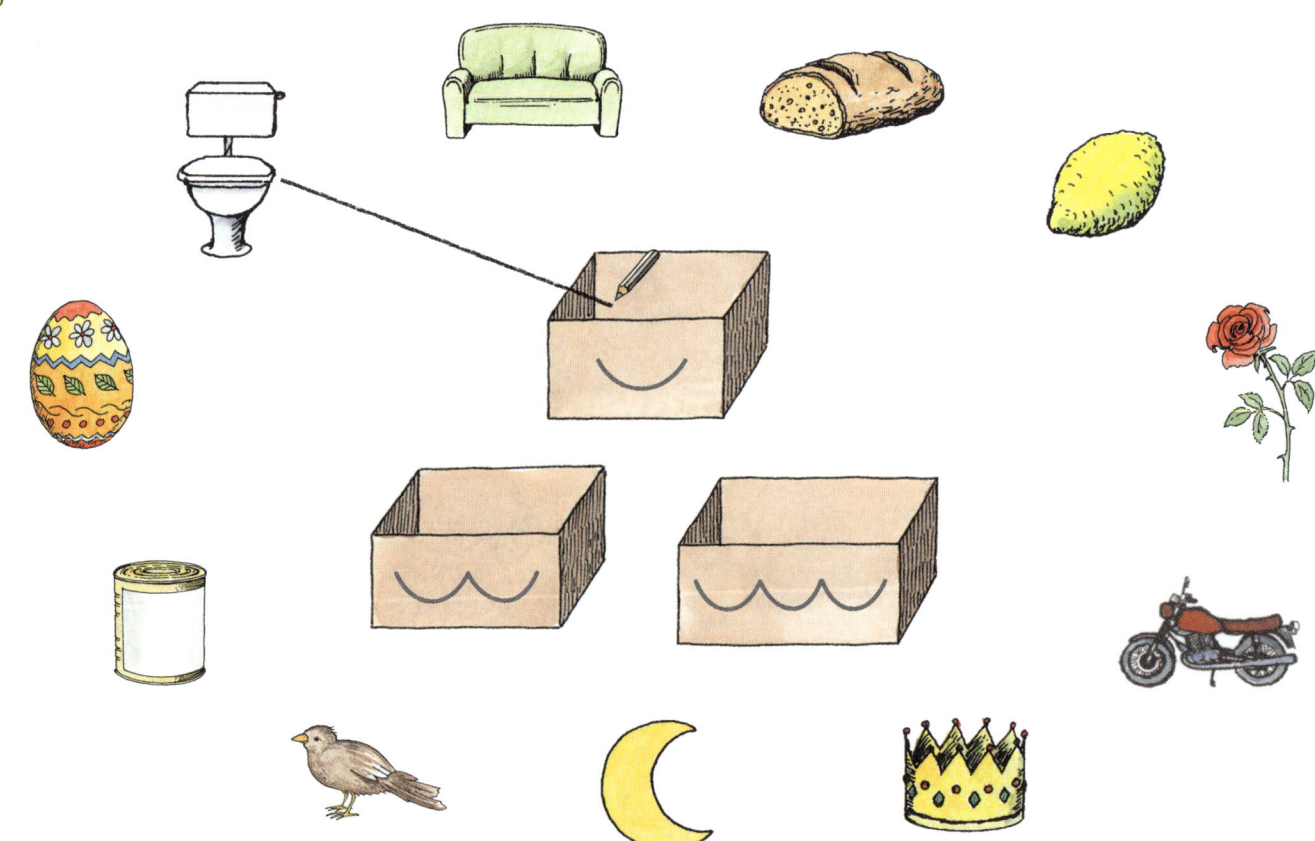

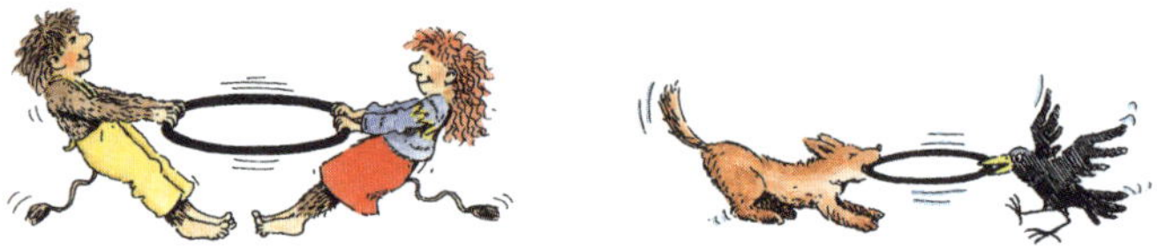

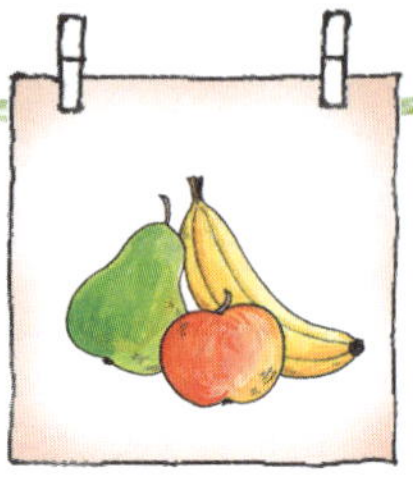

1

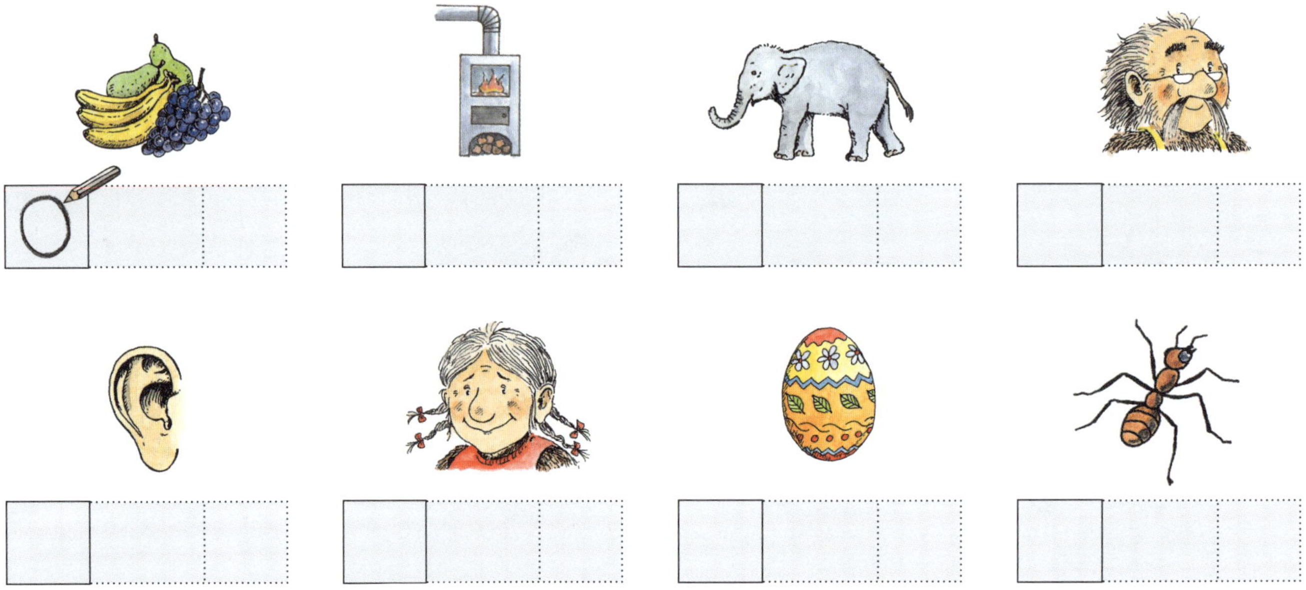

2

1: Bildwörter nach dem Anlaut abhören; unter die Bilder, deren Wort mit dem langen O/o-Laut beginnt, den Buchstaben O schreiben
2: Bildwörter nach Silben getrennt sprechen, verbunden mit Silbenschwingen oder -klatschen; Bilder mit dem passenden Kasten verbinden

1: Bildwörter nach dem Anlaut abhören; unter die Bilder, deren Wort mit dem kurzen O/o-Laut beginnt, den Buchstaben O schreiben
2: Bildwörter nach dem Inlaut abhören; unter die Bilder, bei denen im Inlaut ein kurzer O/o-Laut zu hören ist, den Buchstaben o schreiben
3: Bildwörter nach Silben getrennt sprechen, verbunden mit Silbenschwingen oder -klatschen; Silbenbögen zeichnen
   DIFF: ein Kind schwingt/klatscht die Silben, das Partnerkind zeichnet die Bögen – P

E e

1

E

2

e

3

Le

Leo

Le o

1: Bildwörter nach dem Anlaut abhören; unter die Bilder, deren Wort mit dem langen E/e-Laut beginnt, den Buchstaben E schreiben
2: Bildwörter nach dem Inlaut abhören; unter die Bilder, bei denen im Inlaut ein langer E/e-Laut zu hören ist, den Buchstaben e schreiben
3: Bildwörter nach der Anfangssilbe Le- (langes e) abhören; beginnt ein Wort mit Le-, Bild ankreuzen

  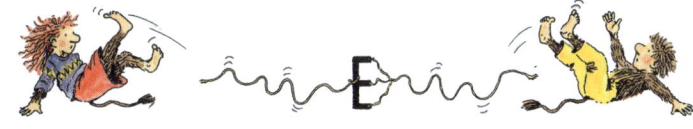 

E e

 1

 2

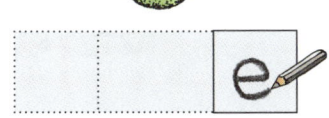   

 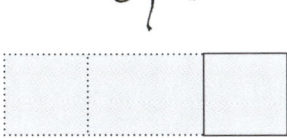 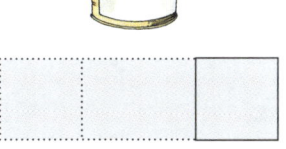 

 3

  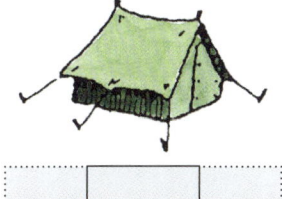 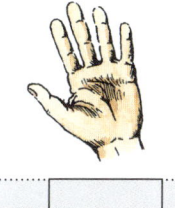

  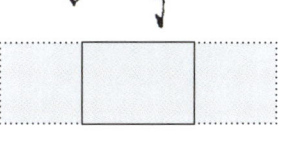

1: Bildwörter nach dem Anlaut abhören; unter die Bilder, deren Wort mit dem kurzen E/e-Laut beginnt, den Buchstaben E schreiben
2: Bildwörter nach dem Endlaut abhören; unter die Bilder, deren Wort mit dem kurzen E/e-Laut endet, den Buchstaben e schreiben
3: Bildwörter nach dem Inlaut abhören; unter die Bilder, bei denen im Inlaut ein kurzer E/e-Laut zu hören ist, den Buchstaben e schreiben

9

© 2016 Cornelsen Schulverlage GmbH, Berlin. Alle Rechte vorbehalten.

E e

Ole

le

O le

el

Mantel Ritter Tafel Ofen Löffel

Pinsel Gabel Koffer Esel Besen

1: Bildwörter auf die Endsilbe -le abhören; endet das Wort mit -le, Bild ankreuzen
2: Bildwörter nach Silben getrennt sprechen, verbunden mit Silbenschwingen oder -klatschen; Silbenbögen zeichnen
3: Bildwörter auf die Endung -el prüfen; endet ein Wort auf -el, el im Wort nachspuren, nicht passende Wörter durchstreichen

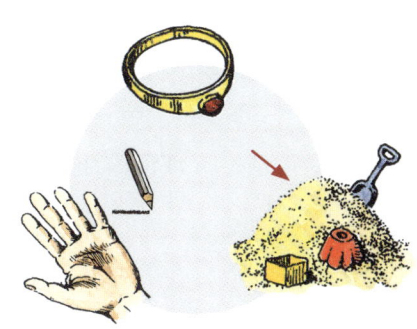

1: Bilder von Reimwörtern miteinander verbinden; DIFF: eigene Reime gemeinsam finden – P/G
2: Buchstabenkärtchen von Klebebogen 1 ausschneiden, Namen legen, Namen kleben

1: Bildwörter nach dem Anlaut abhören; unter die Bilder, deren Wort mit dem langen A/a-Laut beginnt, den Buchstaben A schreiben

2: Bildwörter nach dem Inlaut abhören; unter die Bilder, bei denen im Inlaut ein langer A/a-Laut zu hören ist, den Buchstaben a schreiben

3: Bildwörter nach Silben getrennt sprechen, verbunden mit Silbenschwingen oder -klatschen; Silbenbögen zeichnen

A a A

Ast Ananas Lampe Arm Lama

1: Bildwörter nach dem Anlaut abhören; unter die Bilder, deren Wort mit dem kurzen A/a-Laut beginnt, den Buchstaben A schreiben
2: Bildwörter nach dem Endlaut abhören; unter die Bilder, deren Wort mit dem kurzen A/a-Laut endet, den Buchstaben a schreiben
3: Bildwörter nach dem Inlaut abhören; unter die Bilder, bei denen im Inlaut ein kurzer A/a-Laut zu hören ist, den Buchstaben a schreiben
4: Buchstaben A und a nachspuren

13

1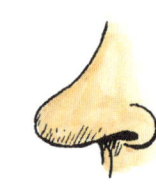

2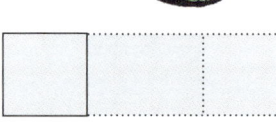

   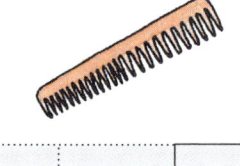

3

4

m

1: Bildwörter nach dem Anlaut abhören; unter die Bilder, deren Wort mit dem M/m-Laut beginnt, den Buchstaben M schreiben
2: Bildwörter nach dem Endlaut abhören; unter die Bilder, deren Wort mit dem M/m-Laut endet, den Buchstaben m schreiben
3: Bildwörter nach dem Inlaut abhören; unter die Bilder, bei denen im Inlaut ein M/m-Laut zu hören ist, den Buchstaben m schreiben
4: Stellung des M/m-Lauts heraushören: Buchstaben M oder m an die richtige Stelle schreiben

M ama Melone Marmelade Murmel

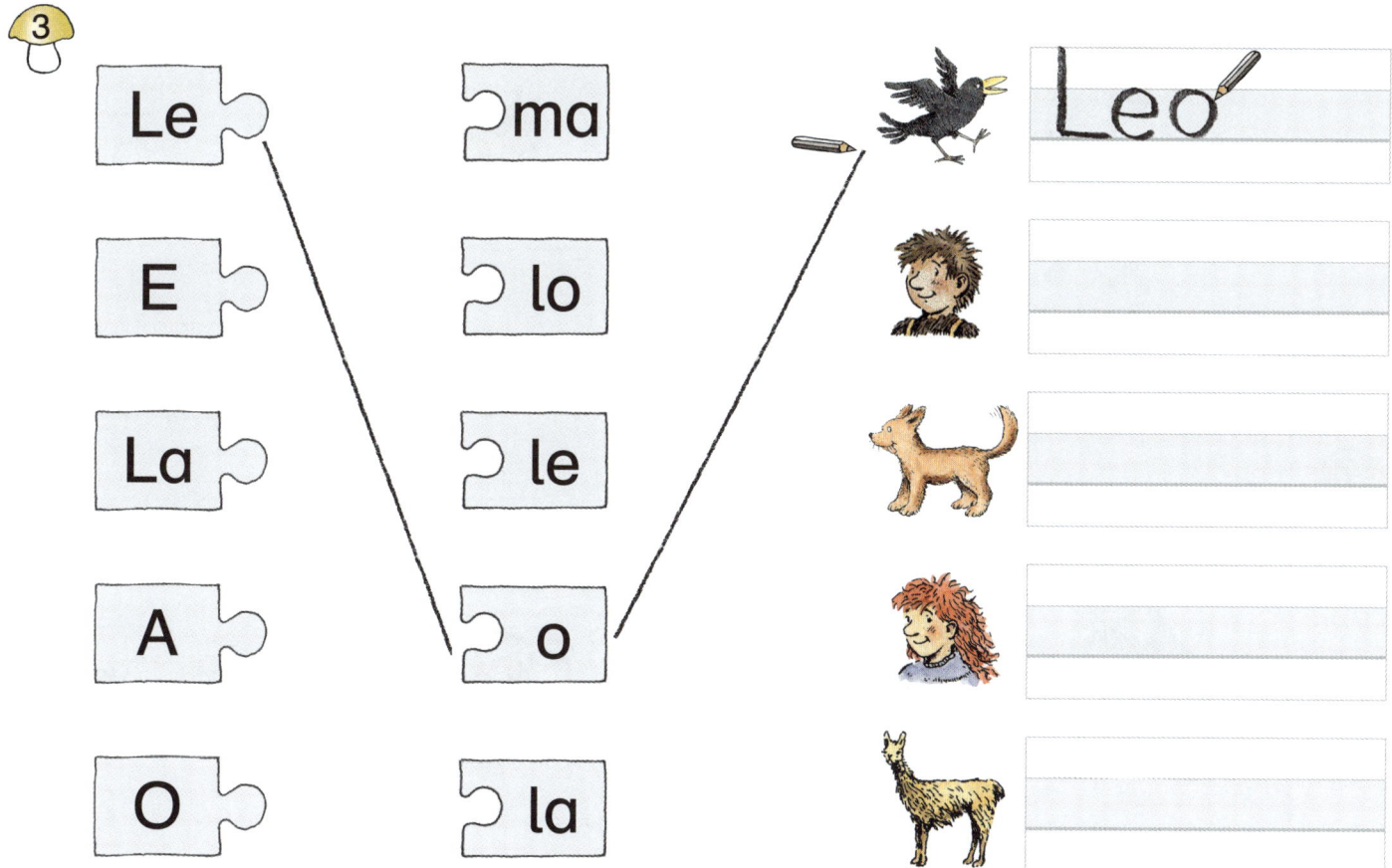

1: Buchstaben M und m nachspuren
2: Anlautbuchstaben unter die Bilder schreiben; Wörter erlesen, passende Bilder vom Klebebogen 2 dazu kleben
3: Passende Silben und Bilder miteinander verbinden, das entsprechende Wort schreiben

M m

M m

me

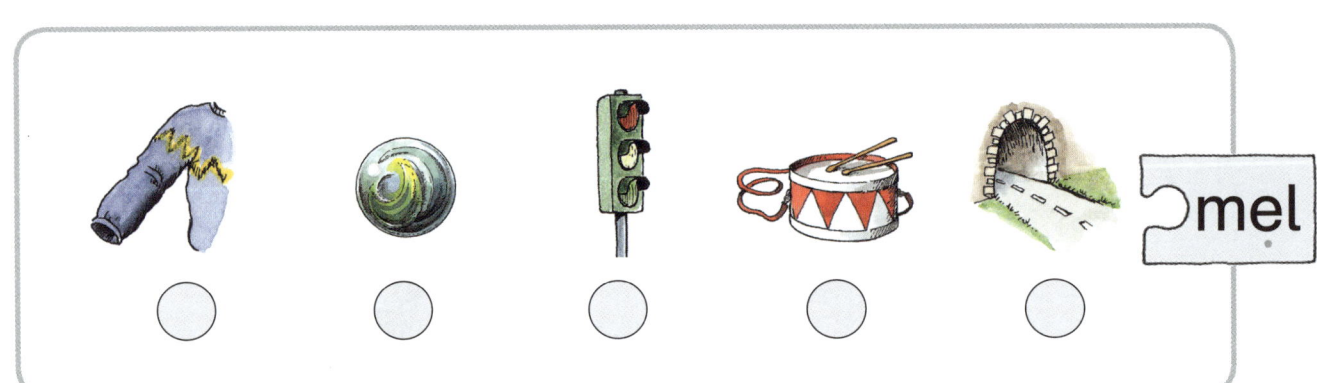

mel

1: Bilder von Reimwörtern miteinander verbinden; DIFF: eigene Reime gemeinsam finden – P/G
2: Bildwörter nach Silben getrennt sprechen, verbunden mit Silbenschwingen oder -klatschen; Silbenbögen zeichnen
3, 4: Bildwörter auf die Endsilbe -me (kurzes e) bzw. -mel (Schwa-e) abhören; endet das Wort damit, Bild ankreuzen

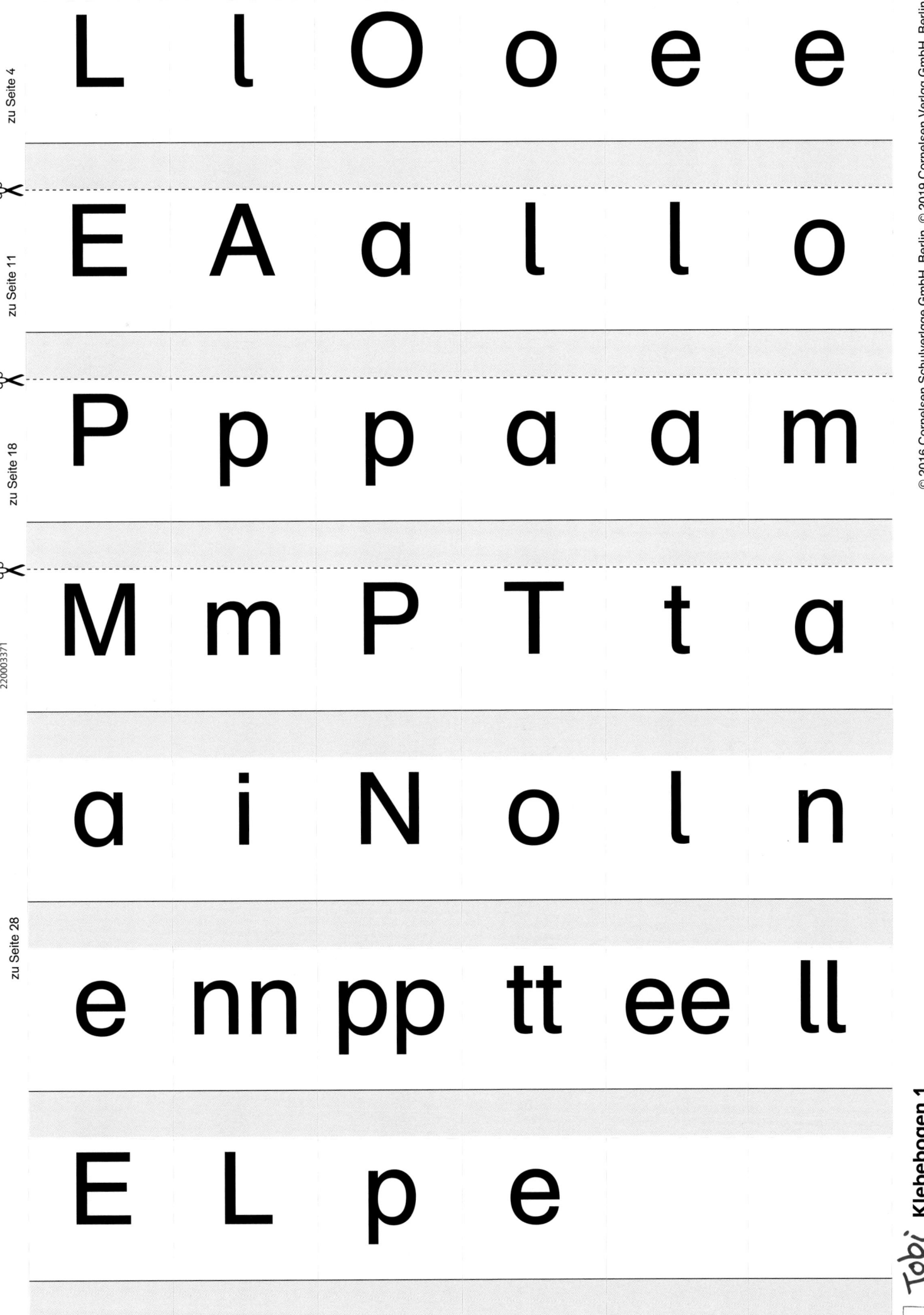

zu Seite 4

zu Seite 11

zu Seite 18

zu Seite 28

22003371

Tobi **Klebebogen 1**

L	l	O	o	e	e
E	A	a	l	l	o
P	p	p	a	a	m
M	m	P	T	t	a
a	i	N	o	l	n
e	nn	pp	tt	ee	ll
E	L	p	e		

P p

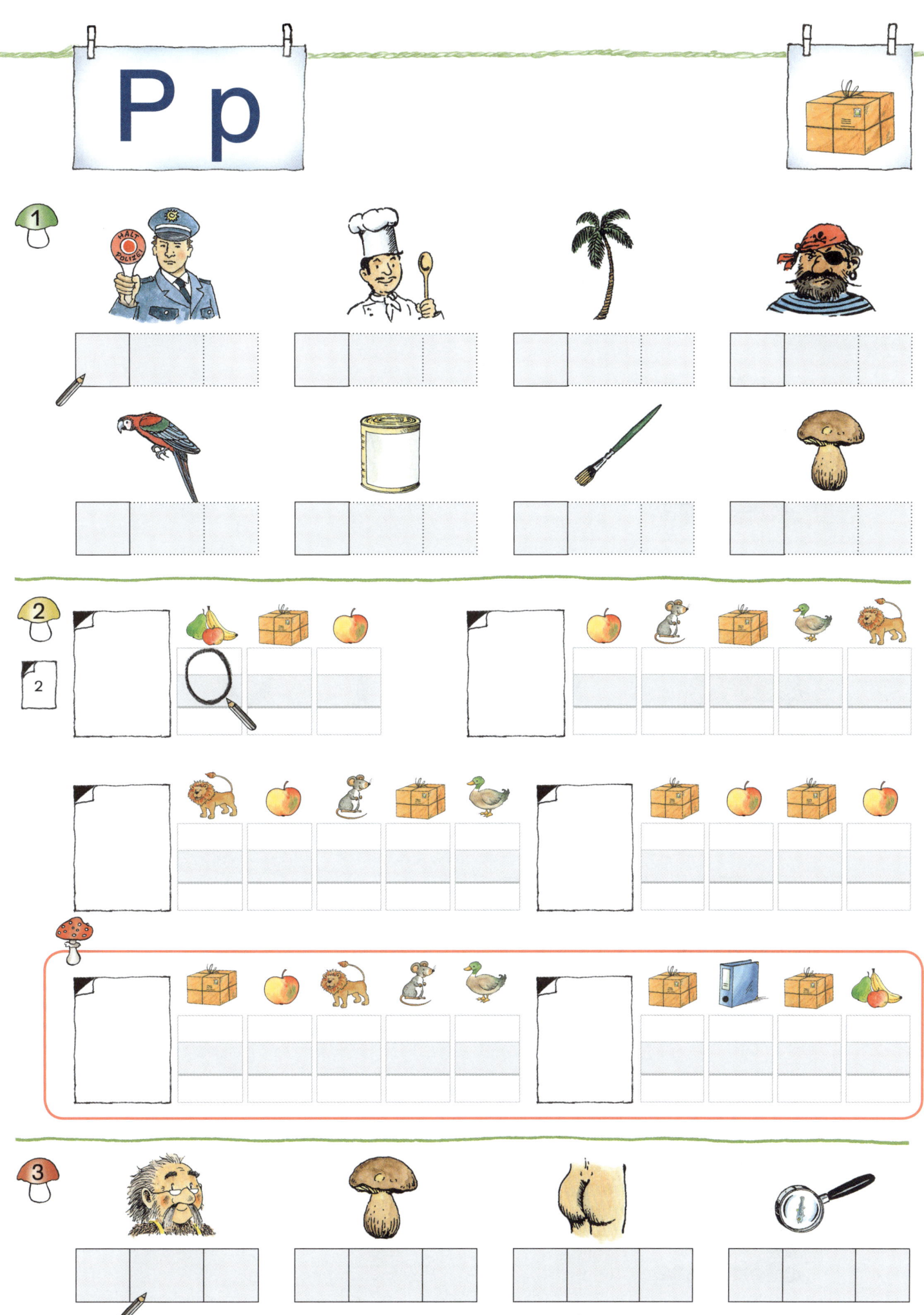

1: Bildwörter nach dem Anlaut abhören; unter die Bilder, deren Wort mit dem P/p-Laut beginnt, den Buchstaben P schreiben
2: Anlautbuchstaben unter die Bilder schreiben; Wörter erlesen, passende Bilder vom Klebebogen 2 dazu kleben
3: Stellung des P/p-Lauts heraushören: Buchstaben P oder p an die richtige Stelle schreiben

17

P p

Lupe   Pilot   Paprika   Pappe   Pilz

O	p	a

O	m	a

M	o	m	o

M	a	m	a

1: Buchstaben P und p nachspuren
2: Wörter erlesen, Buchstabenkärtchen von Klebebogen 1 ausschneiden, Namen legen, angegebene Namen durch Überkleben richtigstellen

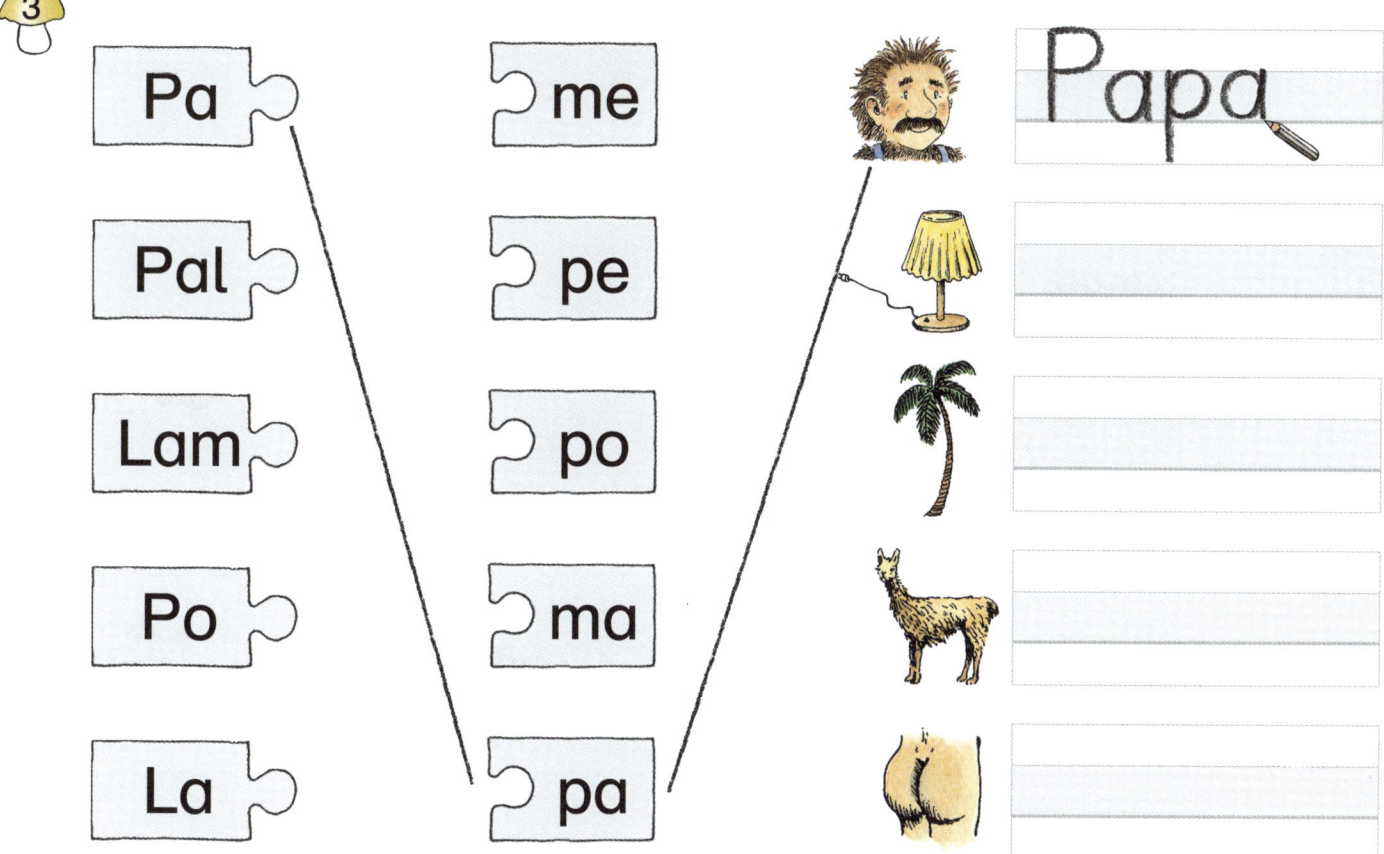

1: Bildwörter auf die Endsilbe -pe abhören; endet das Wort mit -pe, Bild ankreuzen
2: Bildwörter nach Silben getrennt sprechen, verbunden mit Silbenschwingen oder -klatschen; Silbenbögen zeichnen
3: Passende Silben und Bilder miteinander verbinden, das entsprechende Wort schreiben
→ **TEST 1** (Das kann ich schon)

 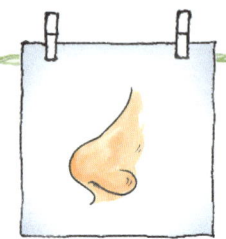

1

2

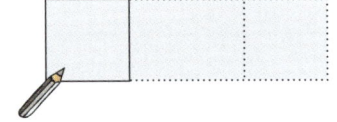  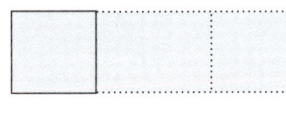

   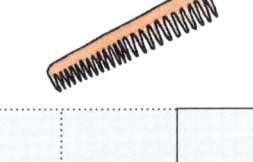

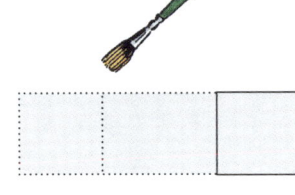  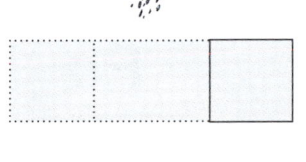

3

4

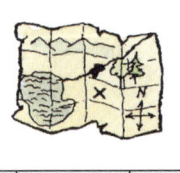  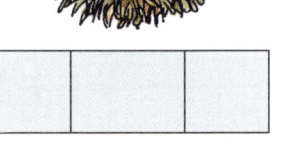 

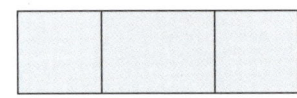  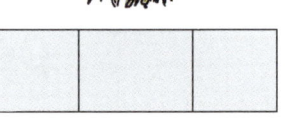

1: Bildwörter nach dem Anlaut abhören; unter die Bilder, deren Wort mit dem N/n-Laut beginnt, den Buchstaben N schreiben
2: Bildwörter nach dem Endlaut abhören; unter die Bilder, deren Wort mit dem N/n-Laut endet, den Buchstaben n schreiben
3: Bildwörter nach Silben getrennt sprechen, verbunden mit Silbenschwingen oder -klatschen; Silbenbögen zeichnen
4: Stellung des N/n-Lauts heraushören: Buchstaben N oder n an die richtige Stelle schreiben

1

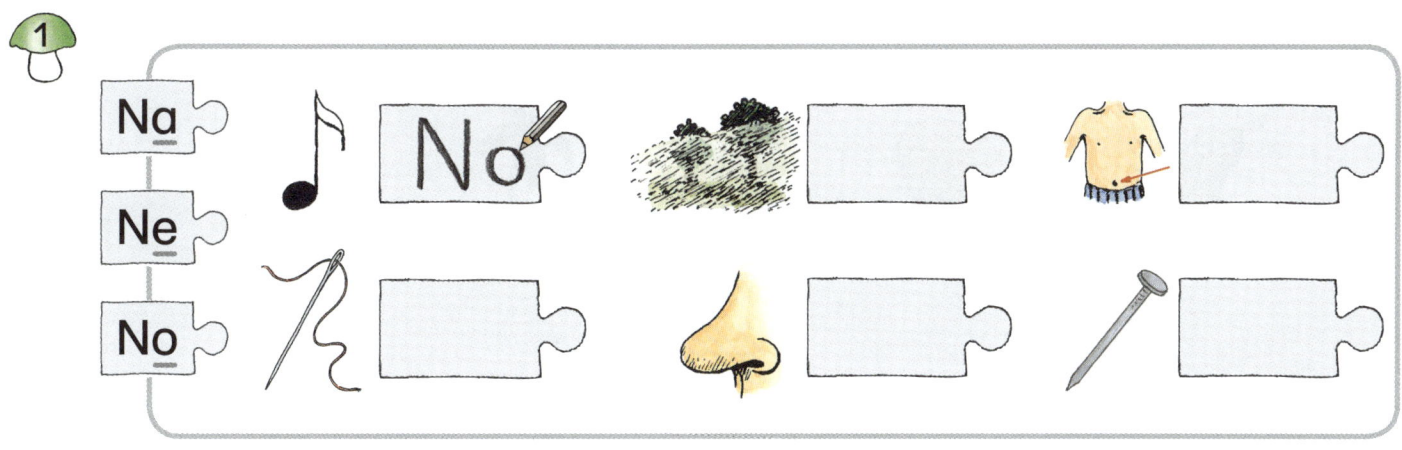

2

3

1: Bildwörter nach den Anfangssilben Na-, Ne-, No- abhören; passende Anfangssilbe schreiben
2: Bildwörter auf die Endsilben -nen und -len (kurzes e) abhören; passende Endsilbe schreiben
3: Passende Silben und Bilder miteinander verbinden, das entsprechende Wort schreiben

21

Alo

1: Bildwörter auf die Endsilbe -ne abhören; endet das Wort mit -ne, Bild ankreuzen, nicht passende Bildwörter durchstreichen

2: Geschenke den Kindern durch Linien zuordnen – DIFF: Namen der Kinder unter die Geschenke in die Lineaturen schreiben

1: Bildwörter nach dem Anlaut abhören; unter die Bilder, deren Wort mit dem langen I/i-Laut beginnt, den Buchstaben I schreiben
2: Bildwörter nach dem Inlaut abhören; unter die Bilder, bei denen im Inlaut ein langer I/i-Laut zu hören ist, den Buchstaben i schreiben
3: Bildwörter nach Silben getrennt sprechen, verbunden mit Silbenschwingen oder -klatschen; Silbenbögen zeichnen
4: Stellung des langen I/i-Lauts heraushören: Buchstaben I oder i an die richtige Stelle schreiben

23

Ll Ii

1

2

3

Lip pen

Li mo

Li ne al

Pil len

1: Bildwörter nach dem Anlaut abhören; unter die Bilder, deren Wort mit dem kurzen I/i-Laut beginnt, den Buchstaben I schreiben
2: Bildwörter nach dem Inlaut abhören; unter die Bilder, bei denen im Inlaut ein kurzer I/i-Laut zu hören ist, den Buchstaben i schreiben
3: Wörter erlesen und mit den passenden Bildern verbinden

I i

1

Gardine   Dino   Insel   Kiwi   Lawine

2

① O I M L A   ② O I M L A   ③ O I M L A   ④ O I M L A

Male:

①	②	③	④
L			

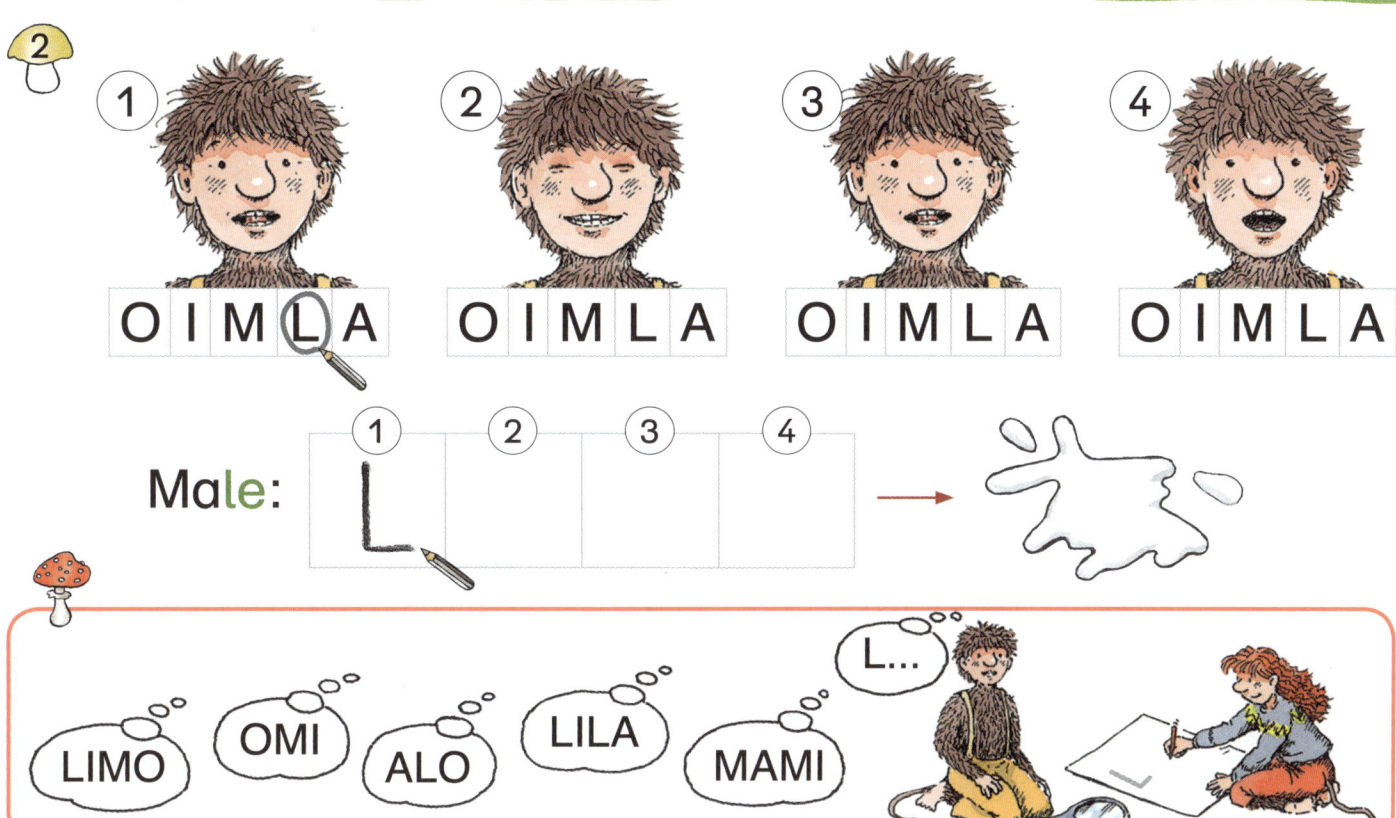

LIMO   OMI   ALO   LILA   MAMI   L...

3

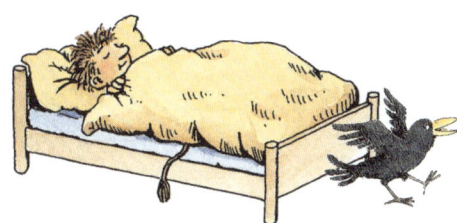

Ole am  ◯

Alo im  ◯

Leo am  ◯

Oma im  ◯

Opa im  ◯

Oma am  ◯

1: Buchstaben I und i nachspuren
2: dargestellte Laute herausfinden (die Buchstaben unter den Bildern grenzen die Möglichkeiten ein), Buchstaben einkreisen
und in die nummerierten Kästchen übertragen; Lösungswort lesen und Fleck entsprechend (lila) ausmalen;
DIFF: ein Kind spricht langsam lautlos ein Wort (s. Auswahl), ein anderes Kind muss es anhand der Mundstellung erraten – P/G
3: zu den Bildern passende Sätze ankreuzen

25

T t

1: Bildwörter nach dem Anlaut abhören; unter die Bilder, deren Wort mit dem T/t-Laut beginnt, den Buchstaben T schreiben
2: Bildwörter nach den Anfangssilben Ta-, Te-, To- abhören; passende Anfangssilbe schreiben
3: Bildwörter nach Silben getrennt sprechen, verbunden mit Silbenschwingen oder -klatschen; Silbenbögen zeichnen
4: Stellung des T/t-Lauts heraushören: Buchstaben T oder t an die richtige Stelle schreiben

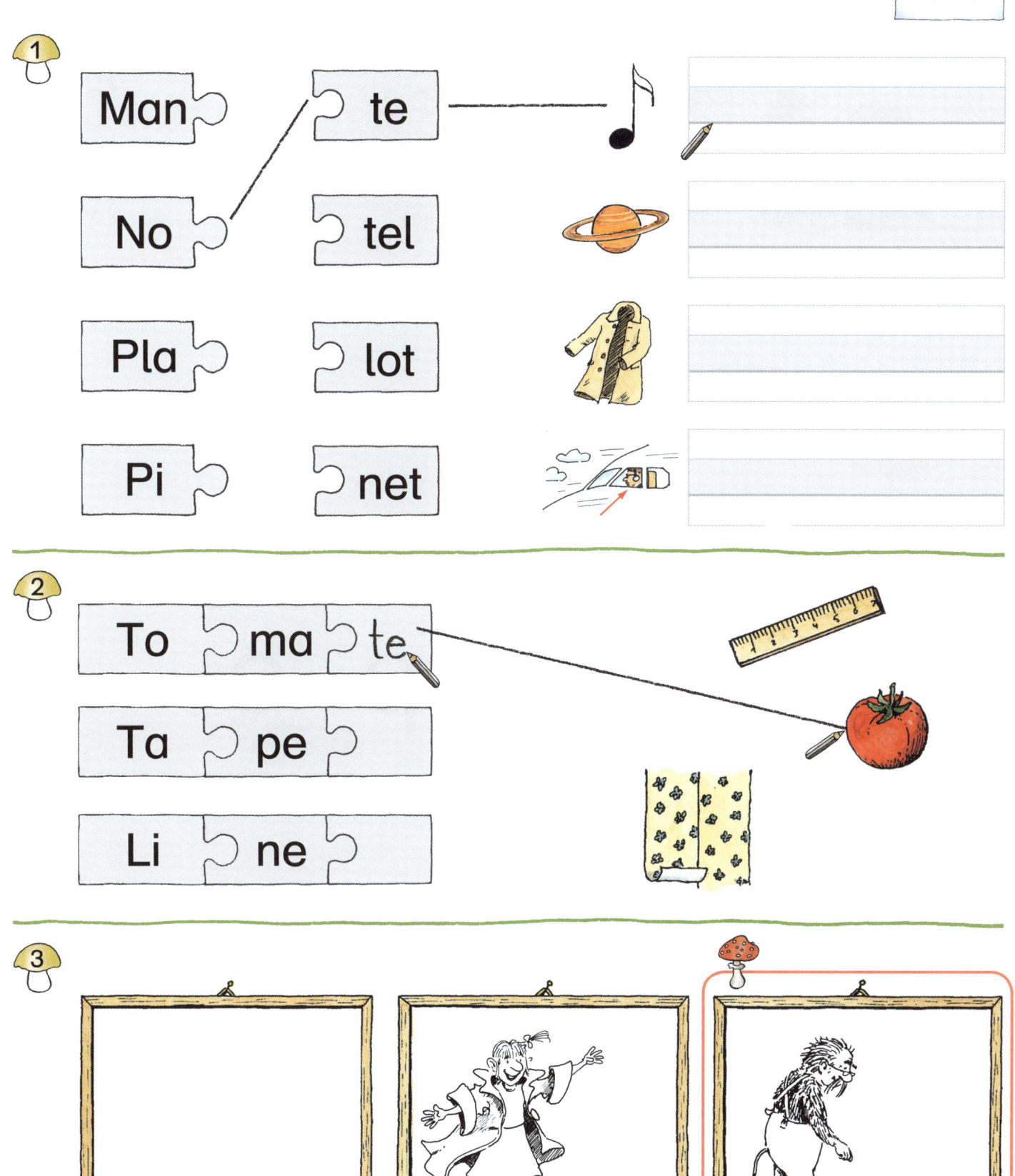

1

Man | te

No | tel

Pla | lot

Pi | net

2

To | ma | te

Ta | pe

Li | ne

3

Male 2 Tannen.

Tante Ina
mit lila Mantel.

Opa mit Enten.
Male 2 Enten.

© 2016 Cornelsen Schulverlage GmbH, Berlin. Alle Rechte vorbehalten.

1: Passende Silben und Bilder miteinander verbinden, das entsprechende Wort schreiben
2: Wortanfänge erlesen, mit Endsilben ergänzen und mit den passenden Bildern verbinden
3: Bilder den Sätzen entsprechend vervollständigen

T | o | nn | e

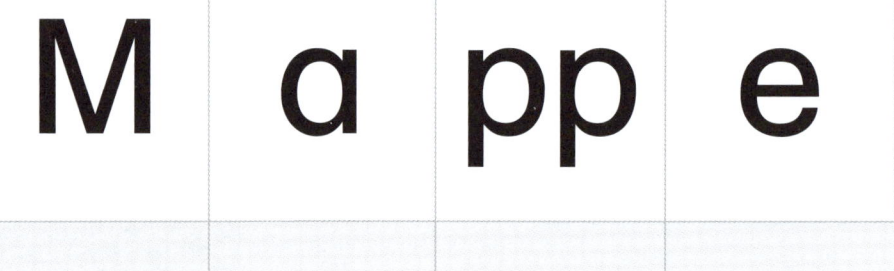

M | a | pp | e

M | i | tt | e

L | a | tt | e | n

1: Bedeutung der Symbole in der Gruppe oder Klasse besprechen; Buchstabenkärtchen von Klebebogen 1 ausschneiden, Wörter nach Diktat legen, angegebene Wörter durch Überkleben richtig stellen – P/G

① Ente → ② Matte → ③ Lampe ④ Tapete

⑤ Tanne ⑥ Mappe ⑦ Mann ⑧ Lama

⑨ Tonne ⑩ Palme ⑪ Tomate ⑫ Tante

⑬ Melone ⑭ Tee ⑮ Tinte ⑯ Latte

⑰ Lappen ⑱ Lippen ⑲ Mantel ⑳ Popo

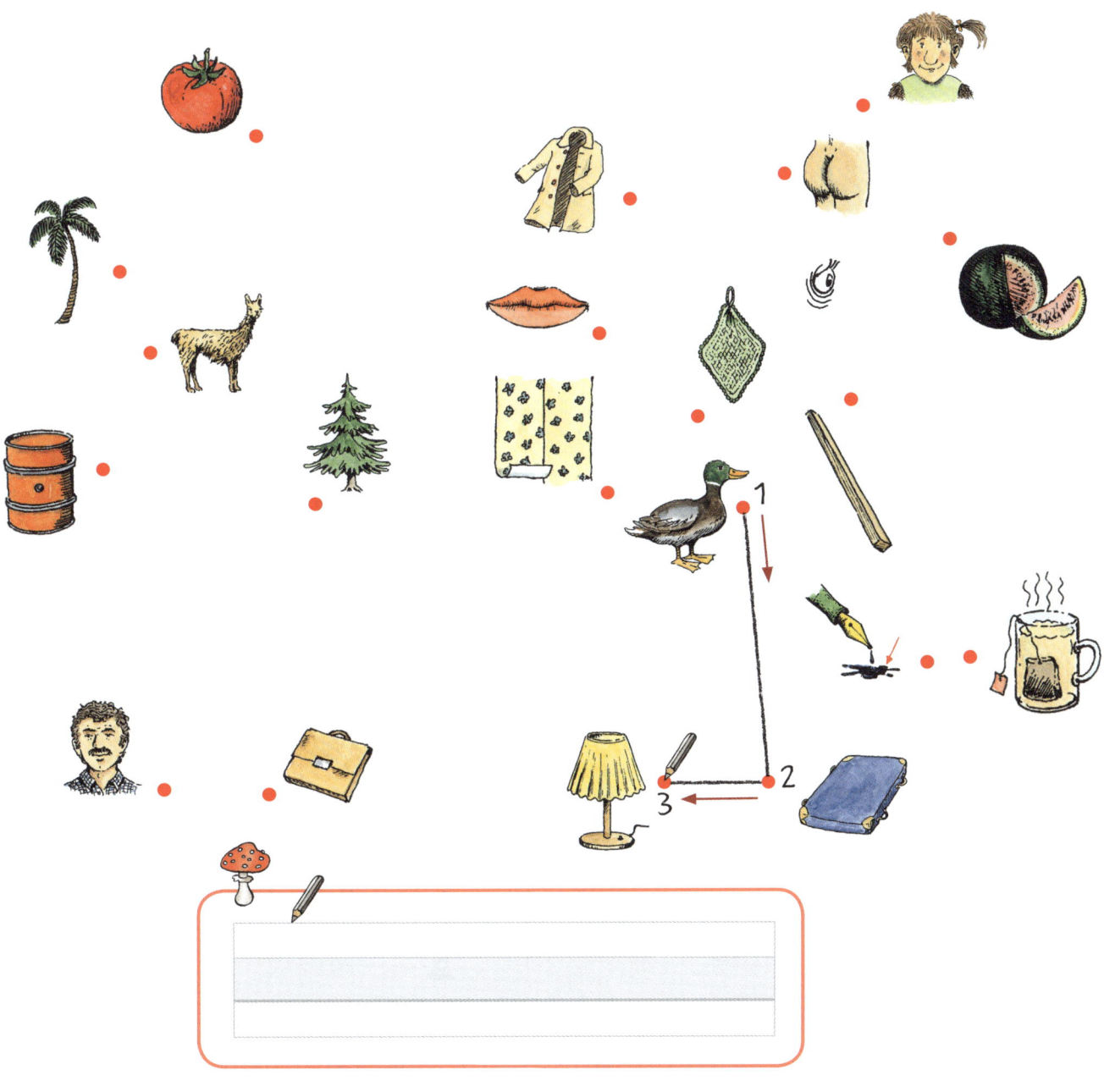

1: Wörter der Reihe nach erlesen, Nummern zu den passenden Bildpunkten schreiben; alle Punkte mit Hilfe eines Lineals in der durch die Zahlen vorgegebenen Reihenfolge miteinander verbinden – DIFF: Lösungswort (*Elefant*) zur entstandenen Zeichnung schreiben

S s

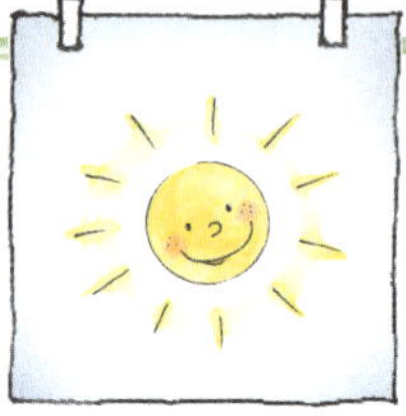

1

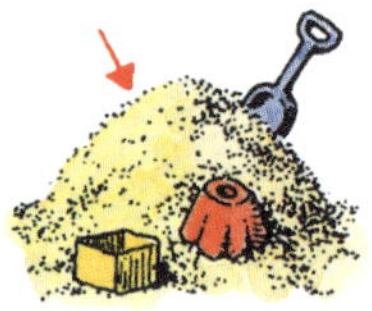

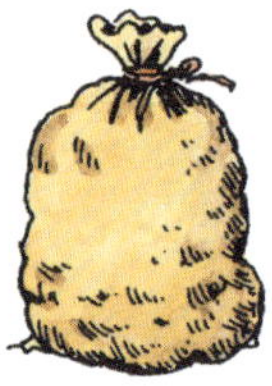

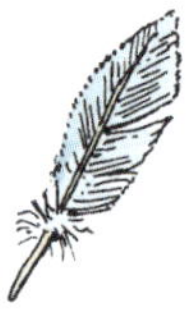

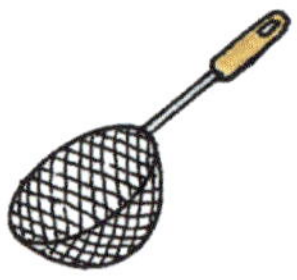

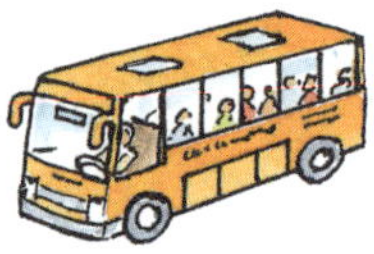

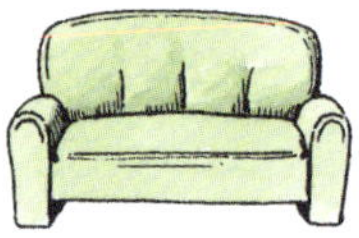

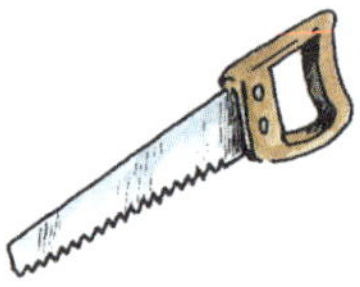

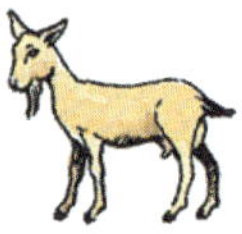

2

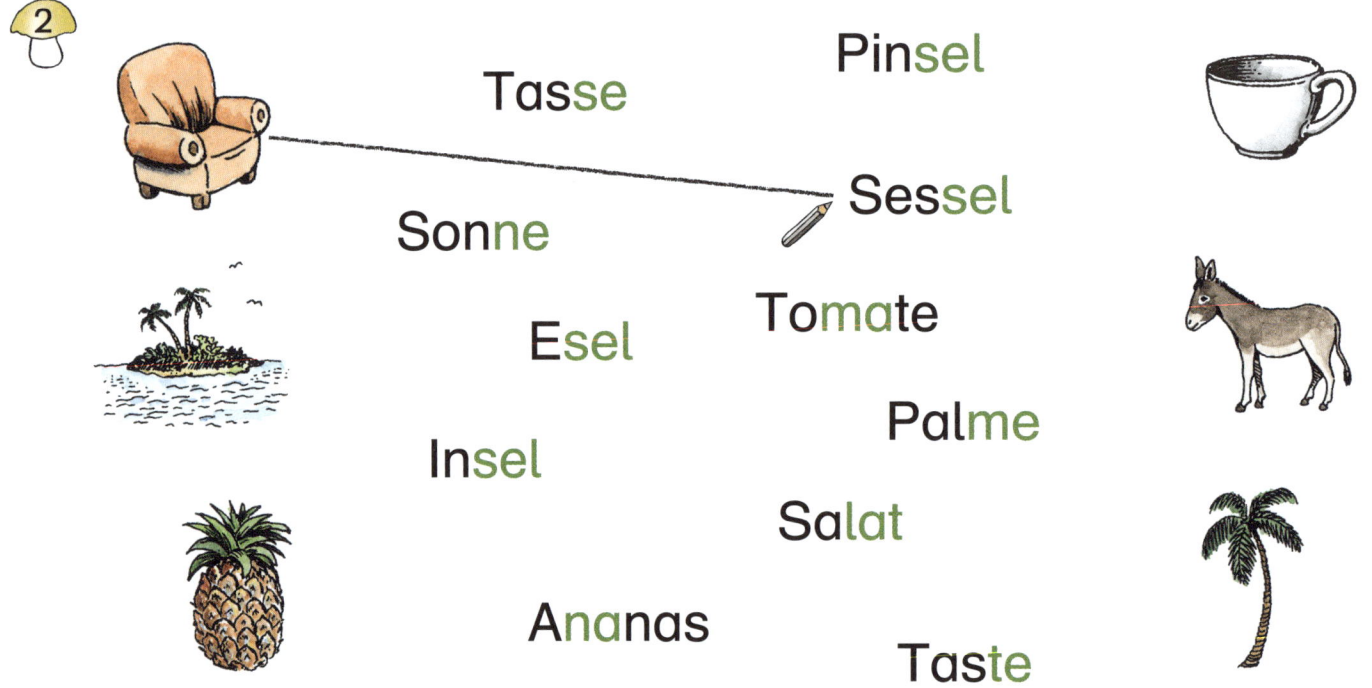

Tasse

Pinsel

Sessel

Sonne

Tomate

Esel

Palme

Insel

Salat

Ananas

Taste

3

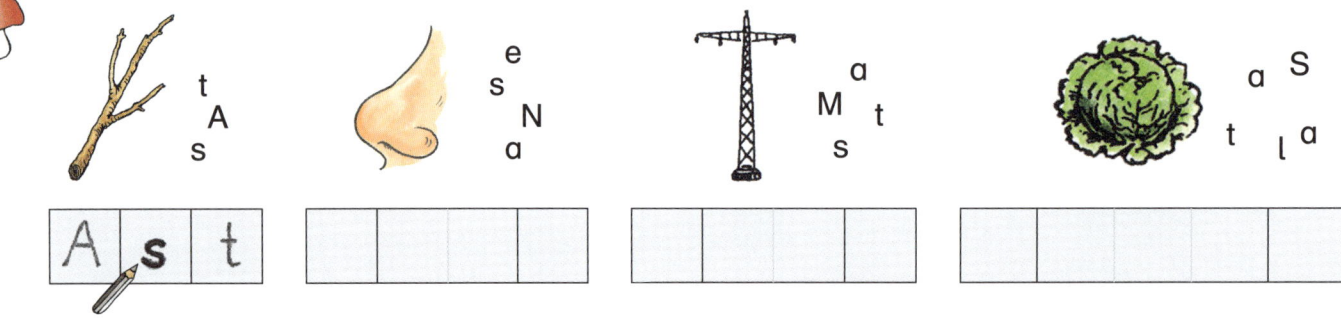

A	s	t

1: Bildwörter nach dem Anlaut abhören, unter die Bilder, deren Wort mit dem S/s-Laut beginnt, den Buchstaben S schreiben
2: Wörter erlesen, Bilder mit den passenden Wörtern verbinden
3: Stellung des S/s-Lauts heraushören: DIFF: a) Buchstaben S oder s an die richtige Stelle schreiben b) Wörter mit Hilfe der vorgegebenen Buchstaben verschriften

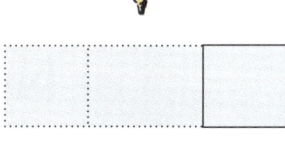

 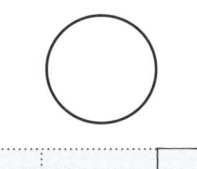  

se

sen

sel

sen

1: Bildwörter nach dem Endlaut abhören; unter die Bilder, deren Wort mit dem S/s-Laut endet, den Buchstaben s schreiben.
2: Bildwörter auf die Endsilbe -se abhören; endet das Wort mit -se, Bild ankreuzen
3: Bildwörter auf die Endsilben -sel und -sen abhören; passende Endsilbe schreiben

31

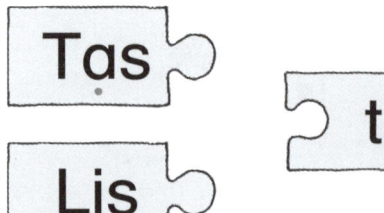

S s

Sen · — se ·

Na —

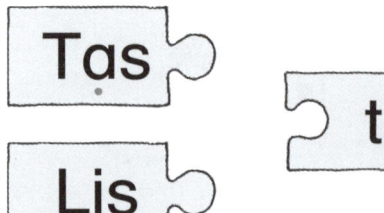

Tas · — te ·

Lis ·

 **Sense**

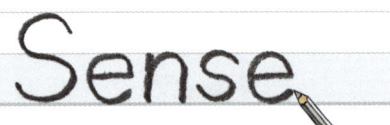

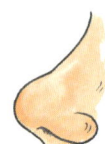

A a **E e** **I i** **O o**

Ams**e**l

 Insel

 Ananas

 Esel

Mantel

Pinsel

Salami

Nest

Salat

Male alle Tassen lila.

Male 2 Lappen lila.

© 2016 Cornelsen Schulverlage GmbH, Berlin. Alle Rechte vorbehalten.

1: Wörter zusammengesetzt lesen, Puzzleteile verbinden, Wörter zu den passenden Bildern schreiben
2: alle Vokalbuchstaben rot nachspuren (Hinweis für die Kinder: Es sind die Buchstaben auf den roten Steinen im Buchstabentor); zu den Bildwörtern Silbenschwingen oder -klatschen, Silbenbögen eintragen
3: Bild dem Text entsprechend ausmalen

S s

1

Tonne   Sonne

Taste

Mast

2

Me-lo-ne

Melone

1: graue Buchstaben unter den Sternchen jeweils der rechten Abbildung entsprechend austauschen und neues Wort schreiben
2: von den Labyrintheingängen beginnend die Wörter aus den Silben zusammengesetzt lesen, auf einen Zettel oder in ein Heft schreiben und die passenden Bilder vom Klebebogen 2 zuordnen; DIFF: roten Teil ebenso bearbeiten

1

 Wim

Am 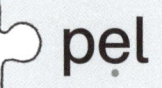 pel

Wes 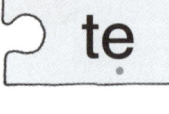 te

pe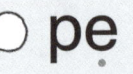

2

Wo ist Mama? •   • Ela malt mit Pinseln.

Was will Mama? •   • Mama will lesen.

Wen malt Ela? •   • Mama ist am See.

Womit malt Ela? •   • Ela will Mama malen.

3

   l w a

   ll e w o

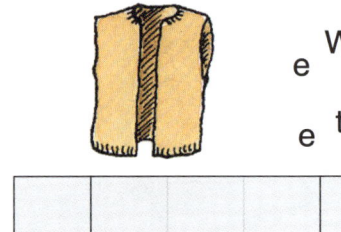   e w s e t

1: Wörter zusammengesetzt lesen und zu den passenden Bildern schreiben
2: Sätze lesen, die Fragen mit den zugehörigen Antworten verbinden
3: Stellung des W/w-Lauts heraushören: DIFF: a) Buchstaben W oder w an die richtige Stelle schreiben b) Wörter mit Hilfe der vorgegebenen Buchstaben verschriften

1

 W e l l e

 T a n n e

W a t t e

W w

2

A a E e I i O o

W**i**mp**e**l Lawine Wal Wespe Palast

3

① Oma will etwas sammeln.

② Wespen wollen Papas Salami essen.

③ Wo ist Tante Inas lila Wolle?

④ Was will Papa im See?

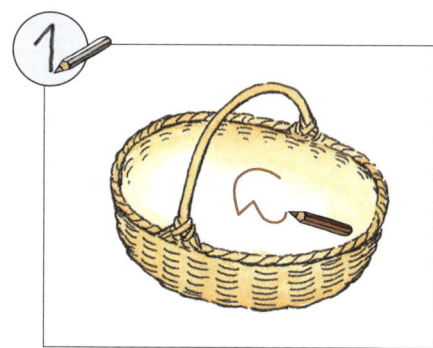

1: graue Buchstaben unter den Sternchen jeweils der rechten Abbildung entsprechend austauschen und neues Wort schreiben
2: alle Vokalbuchstaben rot nachspuren; zu den Bildwörtern Silbenschwingen oder -klatschen, Silbenbögen eintragen
3: Bilder den Sätzen durch Nummerierung zuordnen und nach den Angaben ergänzen

35

① **S**attel ② **S**onne ③ **M**atte

④ **S**essel ⑤ **P**appe ⑥ **T**asse

⑦ **W**ippe ⑧ **W**olle ⑨ **T**anne

⑩ **W**elle ⑪ **W**anne ⑫ **W**atte

   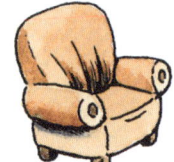 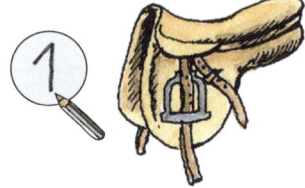

Sattel

1: Wörter erlesen; Nummern der Wörter in die Kreise zu den zugehörigen Bildern schreiben
DIFF: rot markierte (betonte) Vokale vor den Doppelkonsonanten auf Klangdauer (lang oder kurz) abhören:
bei langem Klang Strich, bei kurzem Klang Punkt unter den roten Vokalbuchstaben setzen;
im Klassengespräch auf die Regelhaftigkeit hinzielen (doppelter Mitlaut nach kurzem Vokal) – P/G

ser

ter

mer

1. Troll Rollo malt alle Arme rot an.

2. Ole ist im Wasser.

3. Tante Rita mit lila Perlen

4. Papa mit 2 leeren Tellern

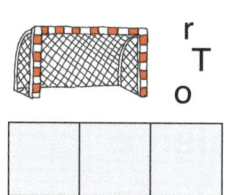

r
T
o

m
A
r

s
e
o R

t r a
i
P

© 2016 Cornelsen Schulverlage GmbH, Berlin.
Alle Rechte vorbehalten.

1: Bildwörter auf die Endsilben -ser, -ter, -mer abhören; passende Endsilbe schreiben
2: Bilder den Sätzen durch Nummerierung zuordnen und nach den Angaben ergänzen
3: Stellung des R/r-Lauts heraushören: DIFF: a) Buchstaben R oder r an die richtige Stelle schreiben
   b) Wörter mit Hilfe der vorgegebenen Buchstaben verschriften

R r

1

Tor | te | Pi | rat
Rat | | | lot

2

Wo ist was im Plan?

P 2

L 6

Roller | Treppe | Ente

Ratte | Troll | Laterne

1: Wörter zusammengesetzt lesen und zu den passenden Bildern schreiben
2: angegebene Bildteile suchen und deren Koordinaten aufschreiben – P; DIFF: roten Teil (mit Wörtern statt Bildern) ebenso bearbeiten
→ **TEST 2** (Das kann ich schon)

Ei ei

© 2016 Cornelsen Schulverlage GmbH, Berlin. Alle Rechte vorbehalten.

1

 e r m Ei

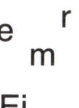

R ei t r e

 ei S l

 ei L r e t

Eimer

2

| rei | ra | tei |
| rei | ra | le |

| len | sen | ten |
| sen | sen | ten |

Nimm immer 2 Teile!

rei sen

reisen

3

Meise

Leiter

Leim

Sonne
Tonne

Seile

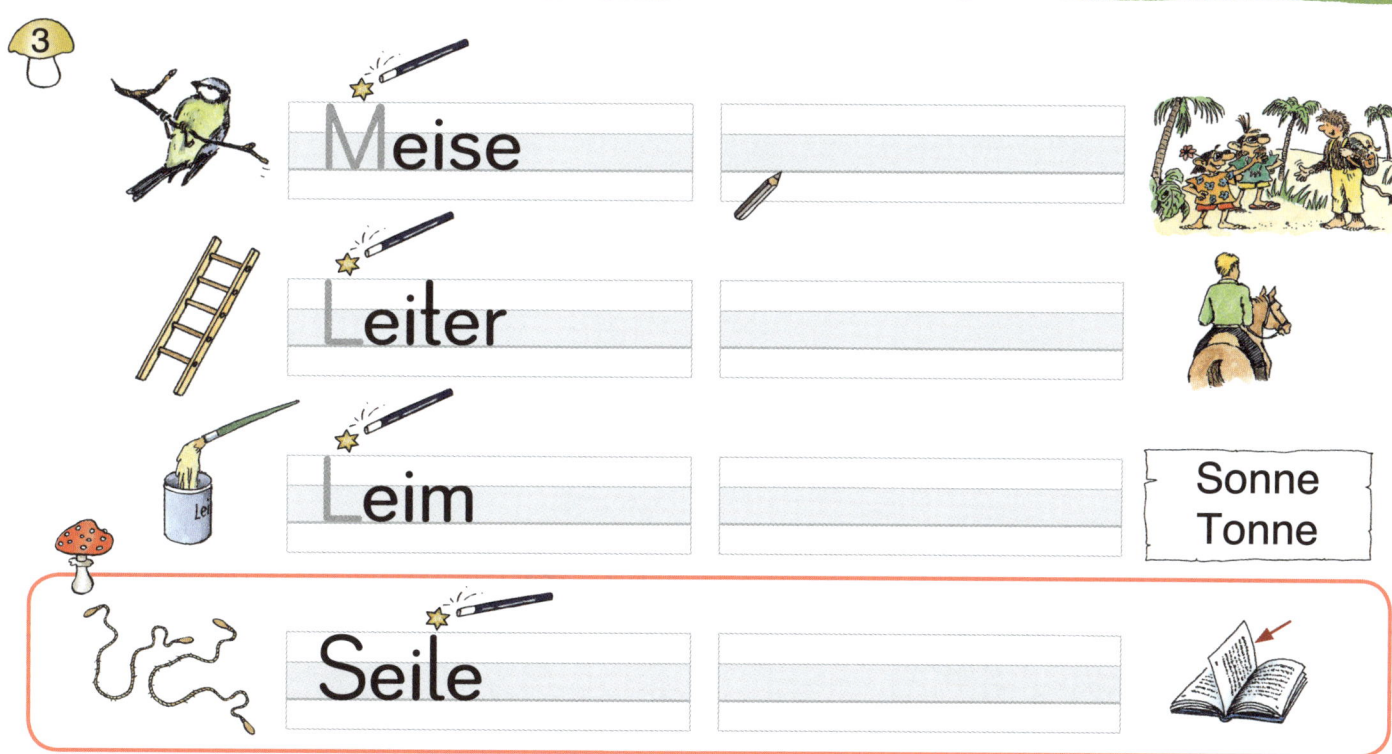

1: Wörter mit Hilfe der vorgegebenen Buchstaben verschriften
2: zu den Bildern passende Wörter aus den vorhandenen Silben bilden und schreiben
3: graue Buchstaben unter den Sternchen jeweils der rechten Abbildung entsprechend austauschen und neues Wort schreiben

39

1

| Lei | | | | Ei | | mer |
| Rei | | ter | | | | er |

2

Aa Ee Ii Oo Ei ei

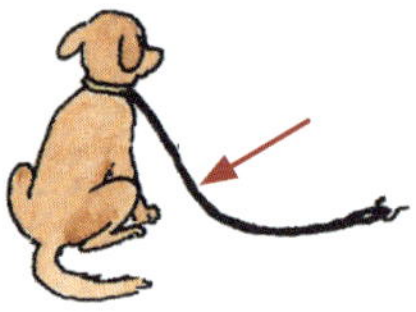

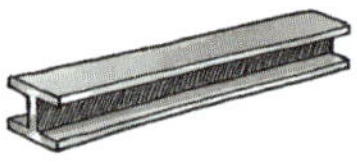

Leine   Ameise   Eisen   Seite   Reis

3

① Iiii, will Mama Salat mit Ameisen essen?

② Oma will eine rosa Torte essen.

③ Alo teilt eine Torte in 4 Teile.

④ Ela will ein rotes Eis essen.

1: Wörter zusammengesetzt lesen und zu den passenden Bildern schreiben
2: alle Vokalbuchstaben rot nachspuren; zu den Bildwörtern Silbenschwingen oder -klatschen, Silbenbögen eintragen
3: Bilder den Sätzen durch Nummerierung zuordnen und nach den Angaben ergänzen

1

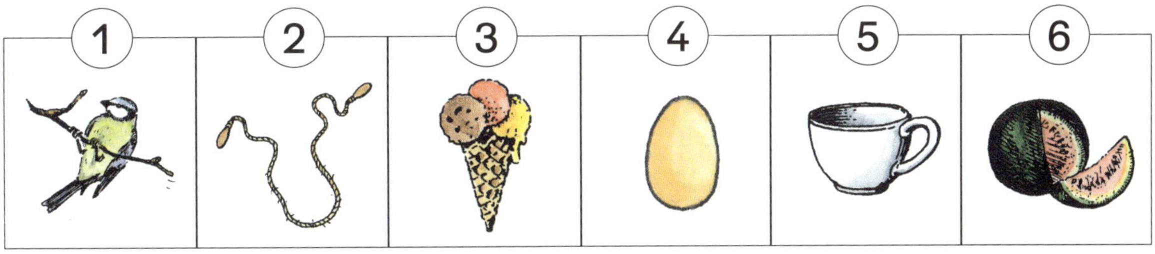

1	2	3	4	5	6

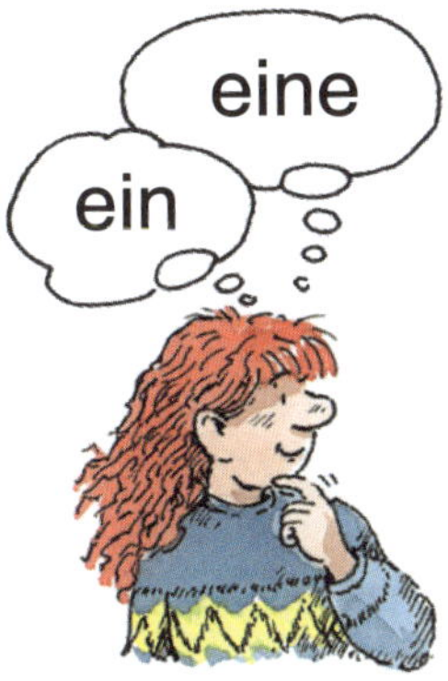

eine
ein

③ **ein** Eis ○ Melone

○ Meise ○ Tasse

○ Ei ○ Seil

2

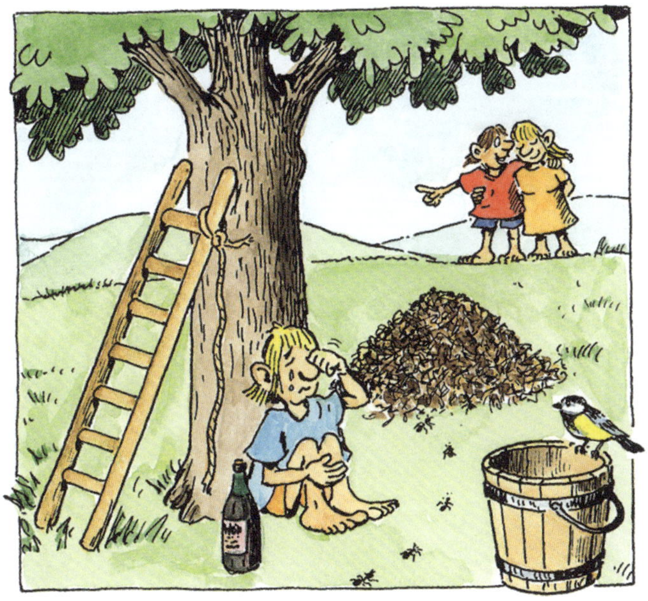

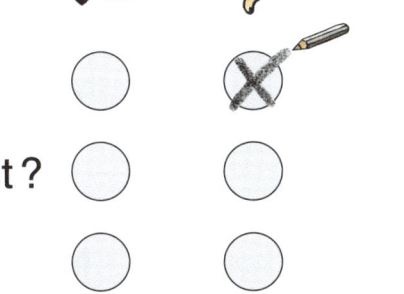

mal **ein** im Wort

mal **ein** allein

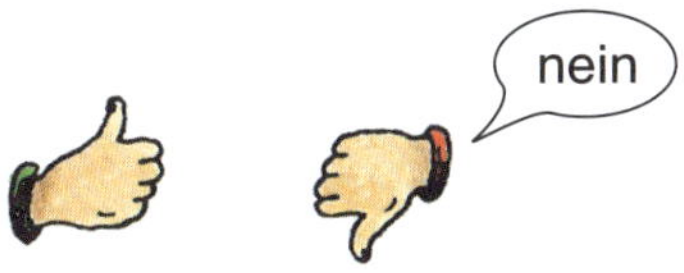

nein

Ist eine Ameise allein? ○ ⊗

Weint ein Troll, weil sein Eimer leer ist? ○ ○

Ist an einer Leiter ein Seil? ○ ○

Ist eine Meise am Eimer? ○ ○

1: Wörter den Bildern durch Nummerierung zuordnen, unbestimmte Artikel zu den Wörtern schreiben
2: Fragen lesen, mit dem Bild vergleichen, *ja* oder *nein* ankreuzen; DIFF: In den Fragesätzen das Wort *ein* innerhalb der Wörter und einzeln stehend einkreisen, zählen und die jeweilige Anzahl auf die Zettel schreiben (6 x innerhalb von Wörtern – 2 x einzeln)

D d

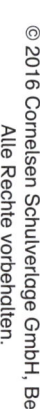

1

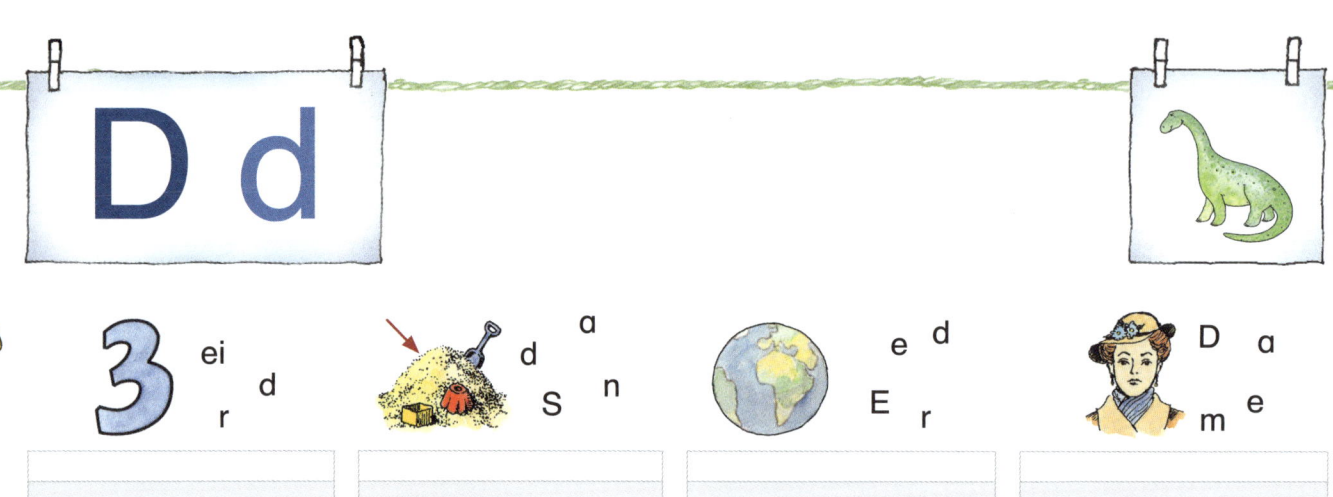

3 ei d   a d   e d   D a
    r d   S n   E r   m e

2

| Win | del | re | den |
| Na | | lan | |

3

Daria	**N**ame		
	Wand		
	Dose		
	Mandel		

1: Wörter mit Hilfe der vorgegebenen Buchstaben verschriften
2: Wörter zusammengesetzt lesen und zu den passenden Bildern schreiben
3: graue Buchstaben unter den Sternchen jeweils der rechten Abbildung entsprechend austauschen und neues Wort schreiben

(1) Tee (4) Moos

(2) Idee (5) See

(3) Meer (6) Paar

Rin — se

Do — del

Pe — de

Na — dal

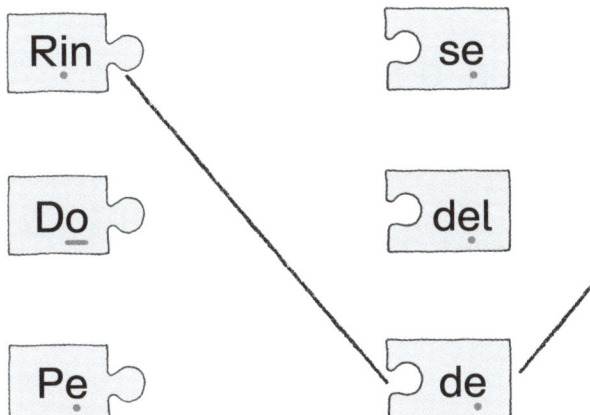 

 Rinde

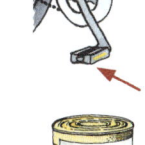

A a   E e   I i   O o   Ei ei

Erde   Domino   Wald   Leder   Weide

D d

1: Bilder den passenden Wörtern durch Nummerierung zuordnen (Hinweis für die Kinder: Doppelvokale klingen lang)
2: passende Silben und Bilder miteinander verbinden, das entsprechende Wort schreiben
3: alle Vokalbuchstaben rot nachspuren; zu den Bildwörtern Silbenschwingen oder -klatschen, Silbenbögen eintragen

D d

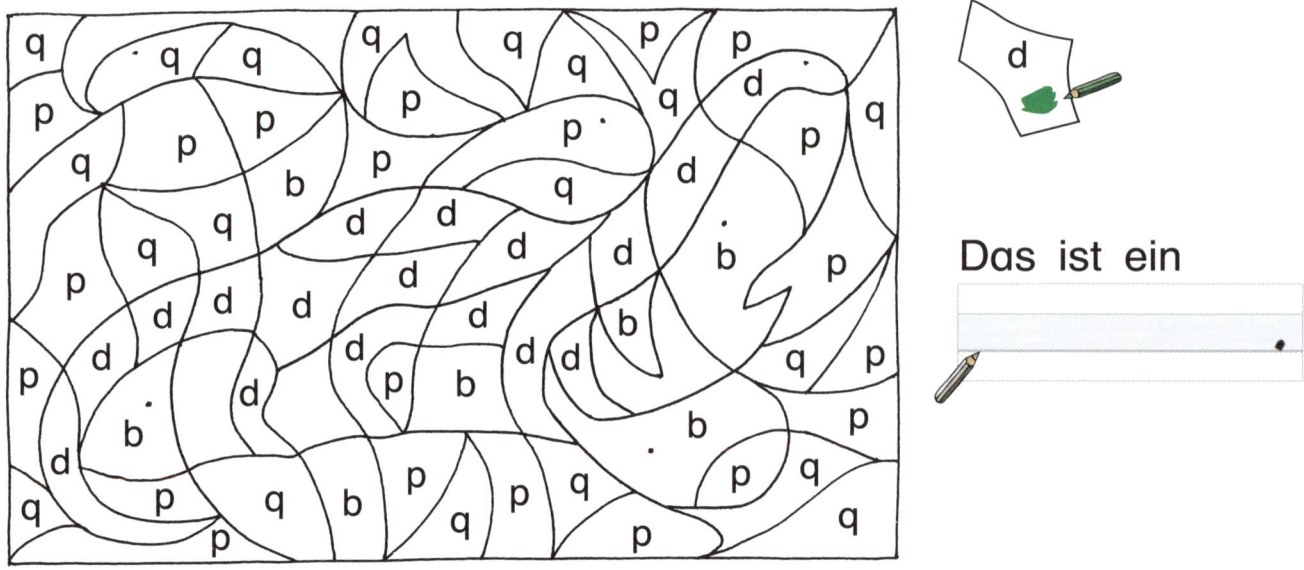

Das ist ein

1) Male einen Eimer oder einen Dino in den Sand.

2) Da ist eine Dose mit Tomaten oder mit Ananas.

3) In der Wolle sind 2 oder drei Nadeln.

4) Dort sind drei Tassen oder drei Teller.

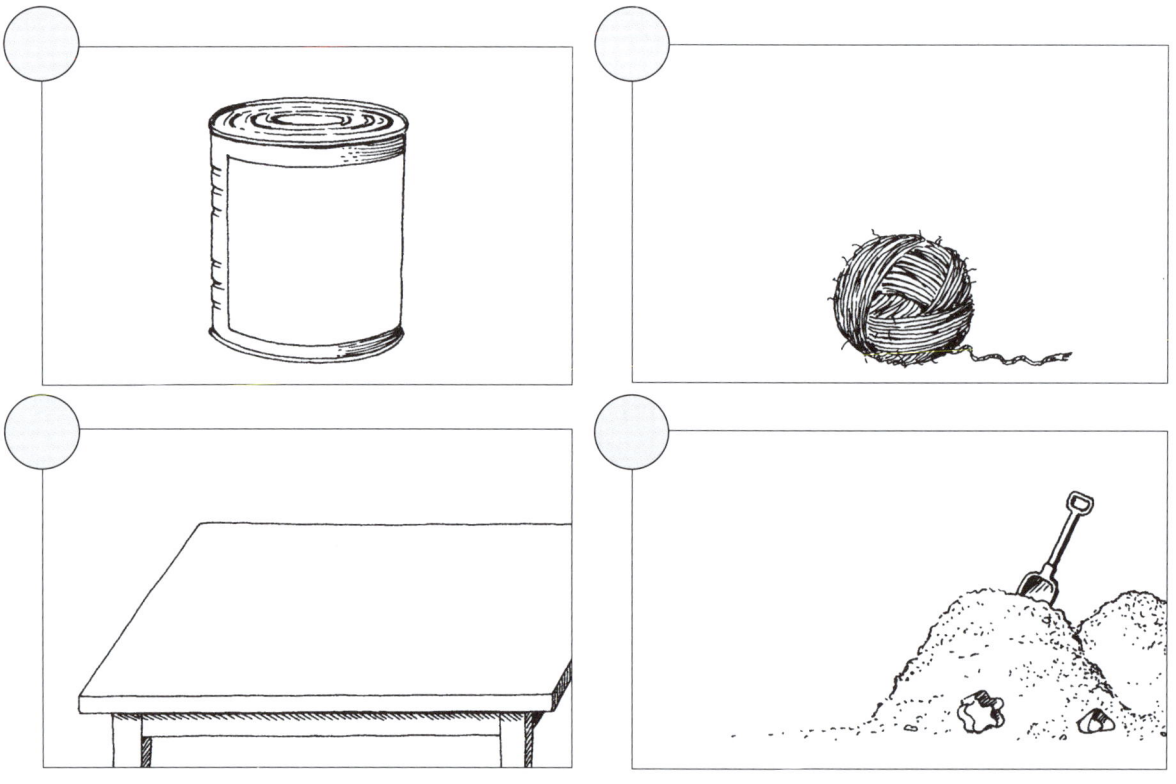

1: alle Felder mit *d* grün ausmalen, das Wort zum entstandenen Bild schreiben *(Dino)*
2: Bilder den Sätzen durch Nummerierung zuordnen und nach den Angaben ergänzen

H h

 **1**

 l a H s    s e a H    e d H m    e l H m

 **2**

hal   rei   war   ten

hop   le   rei   sen

 we   se   dre   hen

1: Wörter mit Hilfe der vorgegebenen Buchstaben verschriften
2: Wörter zusammengesetzt lesen und zu den passenden Bildern schreiben

1

 Halm

 Sand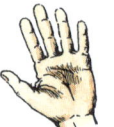

 Hase

 Herd

2

① Wer hat ein Horn?

Das Nashorn hat ein Horn.

② Was ist in Elas Hand?

In Elas Hand ist

③ Wer hoppelt hinter Ole her?

④ Was hat Alo an?

e l i
s n P

1
s a o r
N n h

s e H
o

m a e
H s r
t

1: graue Buchstaben unter den Sternchen jeweils der rechten Abbildung entsprechend austauschen und neues Wort schreiben
2: Fragen lesen, als Antwort die Fragenummern den passenden Bildern zuordnen und die Antwortsätze mithilfe der vorgegebenen Buchstaben aufschreiben (Satzanfang und Satzende beachten)

1 Reime

Hand
Sand

Hand

Mast

Halle

Hose

Reis

Pinsel

Hase

Herd

2

Der Hamster hat helle Haare.

Hinter dem Hamster

hoppelt ein Hase.

Am Himmel ist der Mond.

3

Aa   Ee   Ii   Oo   Ei ei

Hase   Herd   Hampelmann   Einhorn

1: passende Reimbilder vom Klebebogen 2 einkleben
2: das Bild den Angaben entsprechend ergänzen
3: alle Vokalbuchstaben rot nachspuren; zu den Bildwörtern Silbenschwingen oder -klatschen, Silbenbögen eintragen

F f

1

 e d
r
F e

 ff e
A

 o t
F o

 o f
D r

2

| Rei | | |
| O | → | fen |

| Ta | | |
| Waf | | fel |

| Fal | | |
| Fens | | ter |

3

| Te | le | |

| Trom | pe | |

| E | le | |

1: Wörter mit Hilfe der vorgegebenen Buchstaben verschriften
2: Wörter zusammengesetzt lesen und zu den passenden Bildern schreiben
3: Wortanfänge erlesen, mit Endsilben ergänzen und mit den passenden Bildern verbinden

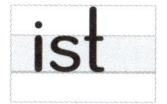 

1

ist **oder** hat

Ela  nett.   Ein Affe _____ ein Fell.

Oma _____ ein altes Sofa.   Das Fenster _____ offen.

Ein Hammer _____ hart.   Ein Maler _____ Pinsel.

2

① In Opas Pantoffel findet Ole eine Feder.

② Alo wirft einen alten Lappen in einen roten Reifen.

③ Hinter Leo flattert ein lila Falter.

④ Das Heft in Alos Hand ist rot.

1: Sätze lesen und mit *ist* oder *hat* ergänzen
2: Bilder den Sätzen durch Nummerierung zuordnen und nach den Angaben ergänzen

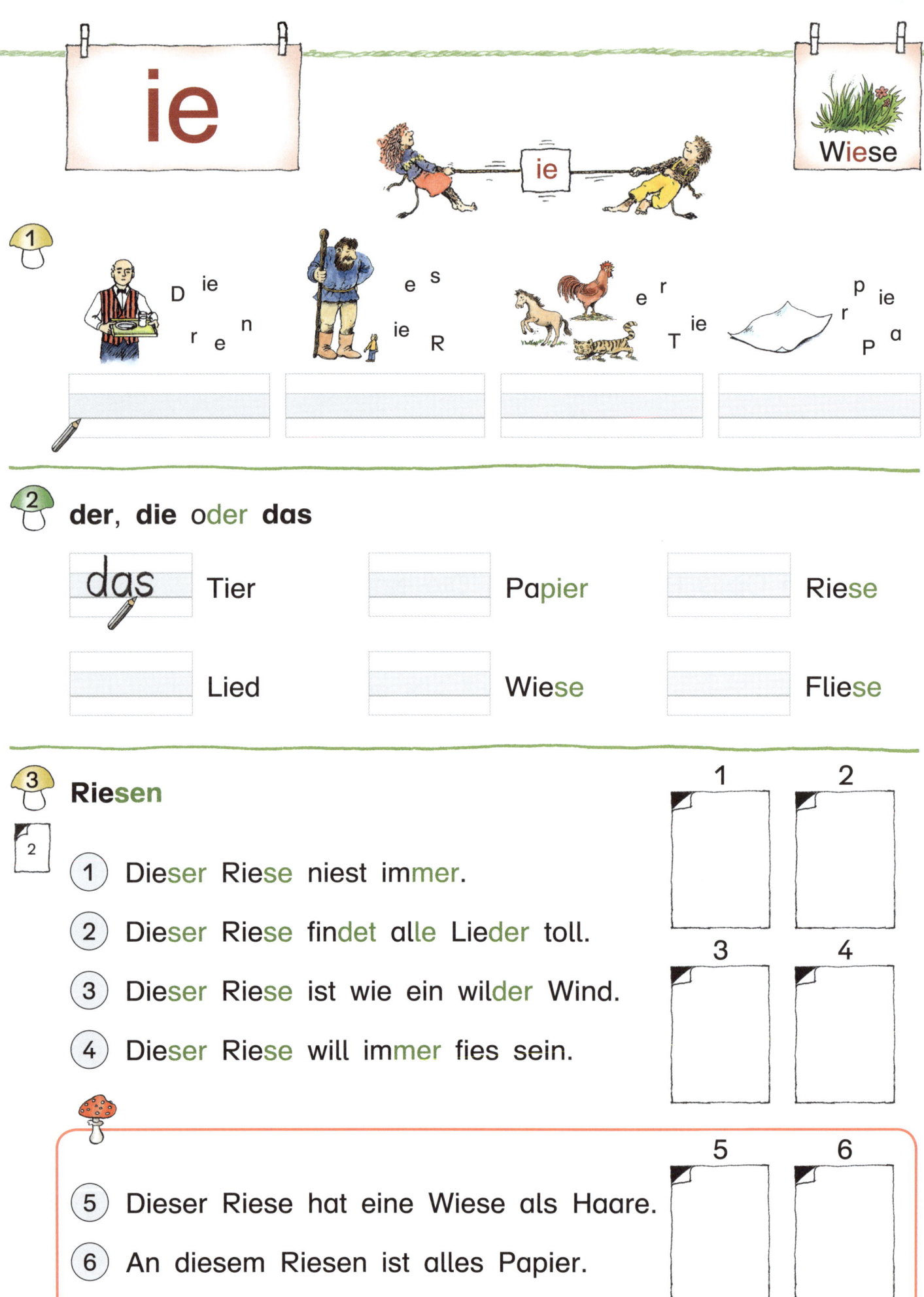

ie

Wiese

1

D ie
r e n

e s
ie R

e r
T ie

p ie
r
P a

---

2 der, die oder das

das Tier

___ Papier

___ Riese

___ Lied

___ Wiese

___ Fliese

---

3 Riesen

1. Dieser Riese niest immer.

2. Dieser Riese findet alle Lieder toll.

3. Dieser Riese ist wie ein wilder Wind.

4. Dieser Riese will immer fies sein.

5. Dieser Riese hat eine Wiese als Haare.

6. An diesem Riesen ist alles Papier.

1	2
3	4
5	6

1: Wörter mit Hilfe der vorgegebenen Buchstaben verschriften
2: die passenden Artikel *der*, *die* oder *das* zu den Nomen schreiben;
   DIFF: für DaZ-Kinder Artikel und Wörter zuvor farbig markieren (der, die, das – Riese, Wiese, Fliese, Tier, Papier, Lied)
3: Riesen-Bilder vom Klebebogen 2 gemäß der Beschreibungen in die richtigen Felder kleben; DIFF: roten Teil ebenso bearbeiten

1 Male alle Felder mit einem **ie**-Wort rot.

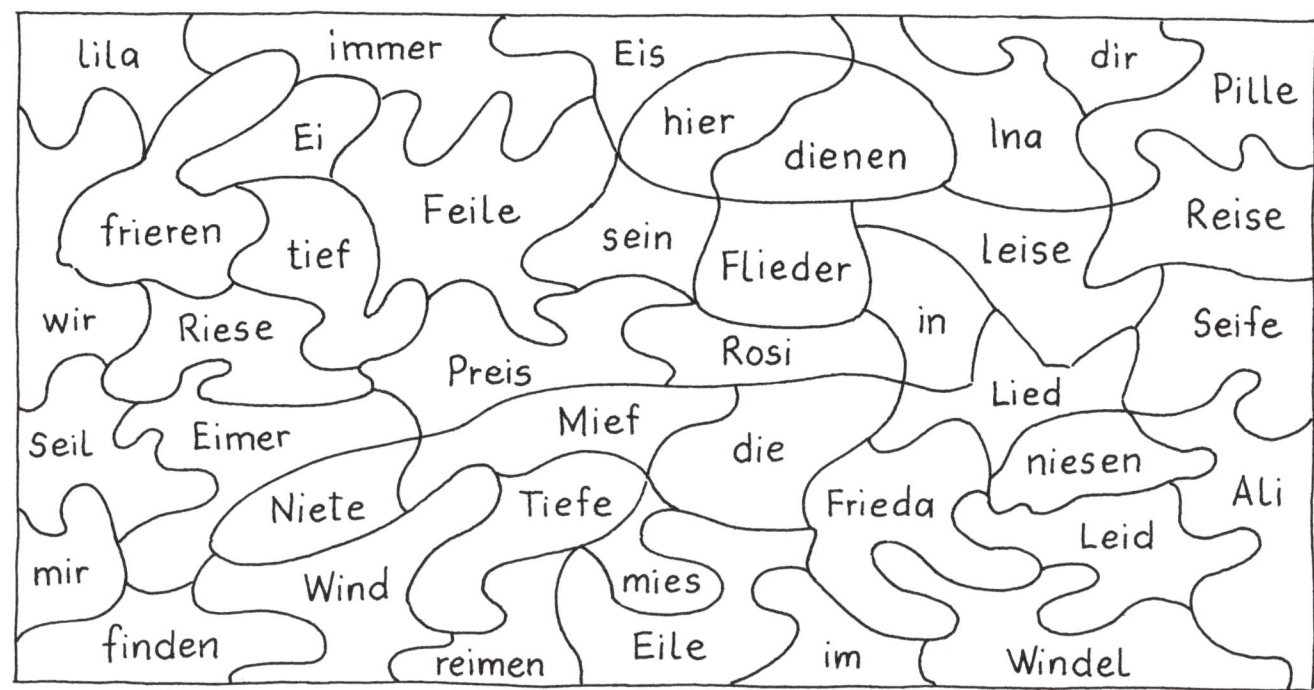

lila   immer   Eis   dir   Pille

Ei   hier   dienen   Ina

frieren   Feile   Reise

tief   sein   leise

wir   Riese   Flieder   Seife

Preis   Rosi   in

Seil   Eimer   Mief   Lied

Niete   Tiefe   die   niesen

mir   Wind   mies   Frieda   Ali

finden   reimen   Eile   im   Leid   Windel

---

 2 **sie** oder **er**

⑤ *sie* isst   ◯ redet   ◯ niest

◯ rennt   ◯ wartet   ◯ liest

◯ friert   ◯ sammelt

 ①    ②    ③    ④

 ⑤   ⑥    ⑦    ⑧

1: alle Felder mit *ie* rot ausmalen
2: passende Bildnummern und Pronomen *sie* oder *er* vor die Verben schreiben

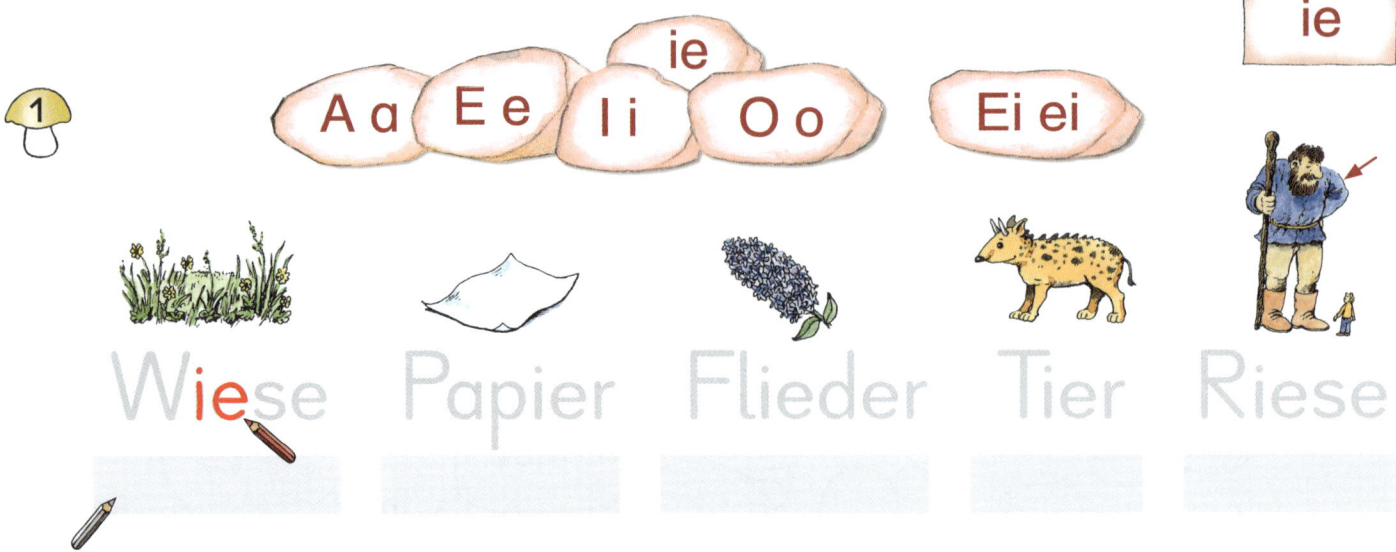

1

Aa Ee Ii ie Oo Ei ei

ie

Wiese Papier Flieder Tier Riese

---

2 Seltsame Tiere

Di ⌒ se   Wes ⌒ no   Ha ⌒ te   Af ⌒ pe   En ⌒ fe

Diese Tiere sind enthalten:

die Wes

die

der

 der    der

---

3 Finde die drei Tiere mit einem Fell.

Es sind diese:

52

1: Vokale rot nachspuren, Silbenbögen zeichnen
2: die richtigen Silben anhand der Bilder und Namen der Fantasietiere zu den richtigen Namen zusammensetzen und schreiben
3: die Namen der Tiere mit Fell frei schreiben (*Wolf, Hase, Affe*)

Ch ch

 Chor  Milch  Dach

1

 a t
ch

 e ch
D r a

 E l
ch

 ch t
N
a

2

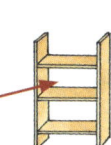 Fach

 Molch

 lochen

3

 Licht   ch wie in

Male alle **ch** wie in Mil**ch**  **lila** nach.

Male alle **ch** wie in Da**ch**  **rot** nach.

Male alle **ch** wie in **Ch**or  **nicht** nach.

Li**ch**t Nacht Chor ich lachen weich

China Woche machen Pech Christina

1: Wörter mithilfe der vorgegebenen Buchstaben verschriften
2: graue Buchstaben unter den Sternchen jeweils der rechten Abbildung entsprechend austauschen und neues Wort schreiben
3: Aufgabe gemäß der Anweisung durchführen; DIFF: unterschiedliche Mundstellung bei der Lautbildung beobachten – P

1 Welches Teil passt nicht?

ma	rech	rie
la — chen	pach — nen	we — chen
dre	wei	hor

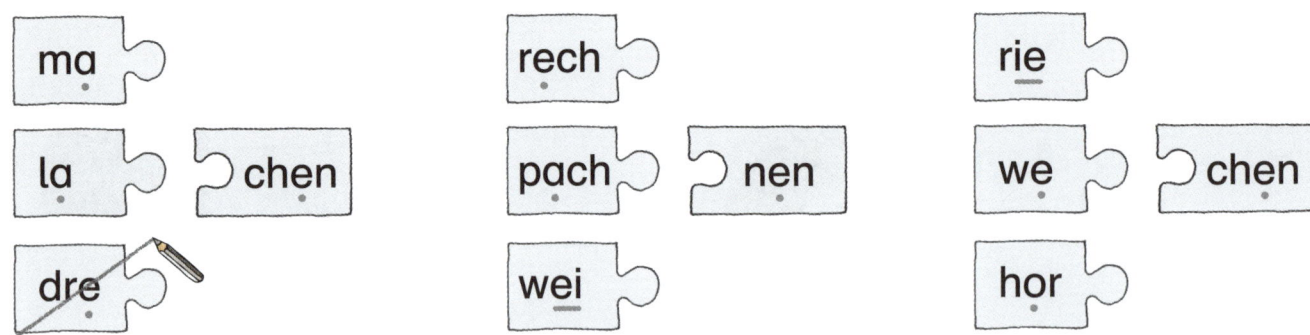

2 Alles mit ch? Nein. Immer in einem Wort ist nicht das ch.

1 2 3 4   5 6 7 8

9 10 11 12

◯ Wichtel   ◯ Eichel   ◯ Loch   ◯ Teppich   ◯ acht

◯ Elch   ◯ Drachen   ◯ Dach   ◯ Trichter

3 Welche Trolle haben recht?

 Wir sind leichter als ein Elch.   ◯ ◯

 Wir sind acht Wochen alt.   ◯ ◯

 Meine Nase ist so alt wie ich.   ◯ ◯

1: Wörter zusammengesetzt lesen und jeweils die nicht zur Endsilbe passende Anfangssilbe durchstreichen
2: Bilder zu Wörtern ohne ch durchstreichen; Bilder zu Wörtern mit ch den Wörtern durch Nummerierung zuordnen
3: Aussagen lesen, prüfen und ja oder nein ankreuzen

1 Was reimt sich?

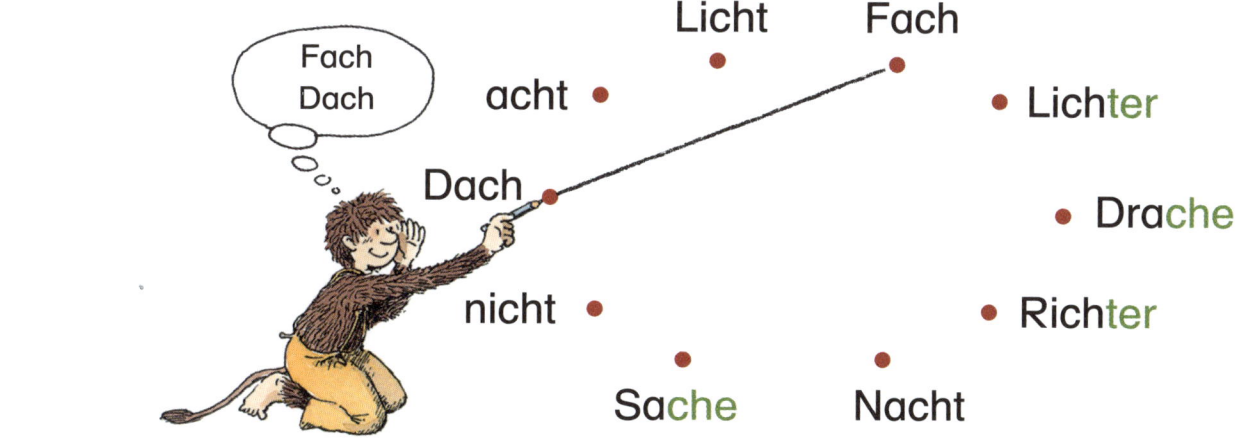

Fach
Dach

Licht   Fach

acht

Lichter

Dach

Drache

nicht

Richter

Sache   Nacht

2

rie   rech   la   flech   chen   chen   nen   ten

4 + 4 + 3 =

3

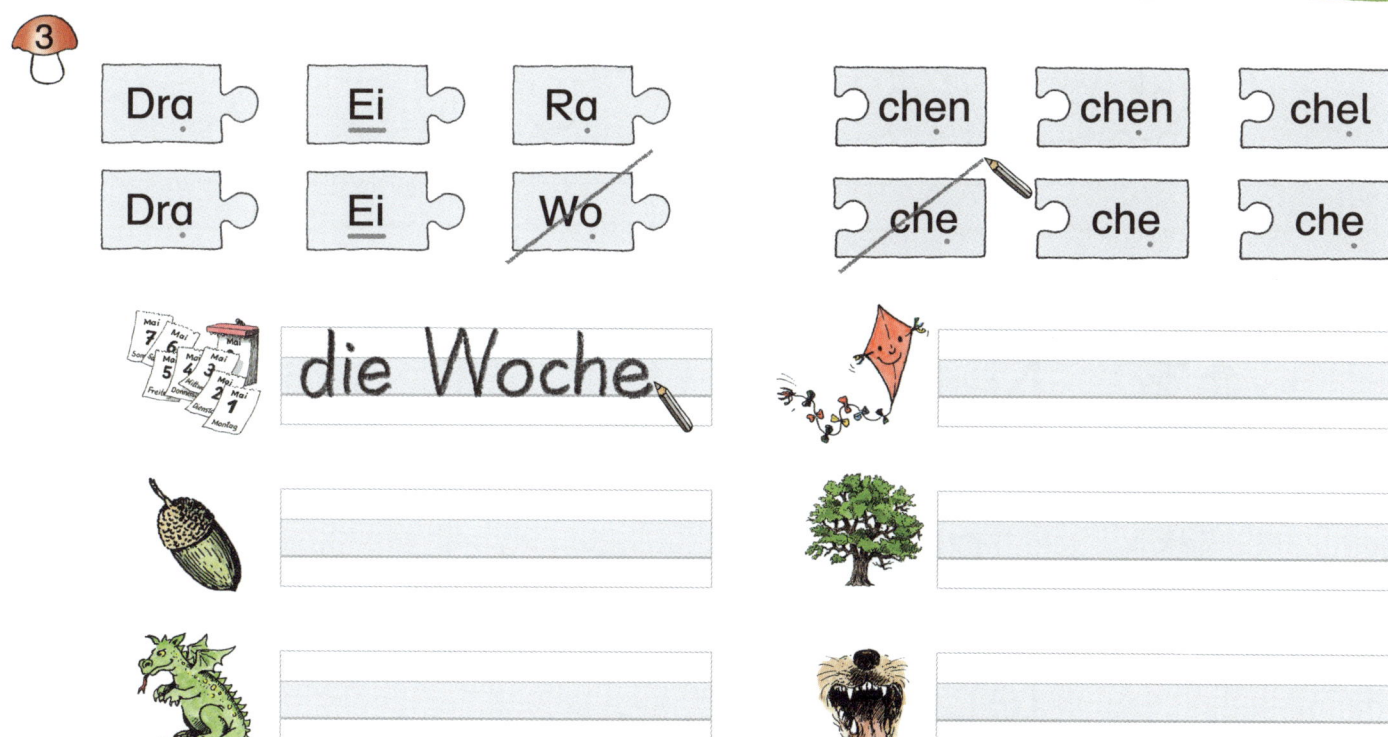

Dra   Ei   Ra   chen   chen   chel

Dra   Ei   Wo   che   che   che

die Woche

1: Reimwörter miteinander verbinden
2: zu den Bildern passende Wörter (Verben) aus den vorhandenen Silben bilden und schreiben
3: zu den Bildern passende Wörter (Nomen) aus den vorhandenen Silben bilden und mit Artikel schreiben
→ **TEST 3** (Das kann ich schon)

B b

1

ch
B a

e
b
R a

e
r
b
B i

a
B
e
n
n a

2 Male alle Felder mit **b** oder **B** an.

Alle anderen Felder bleiben so, wie sie sind.

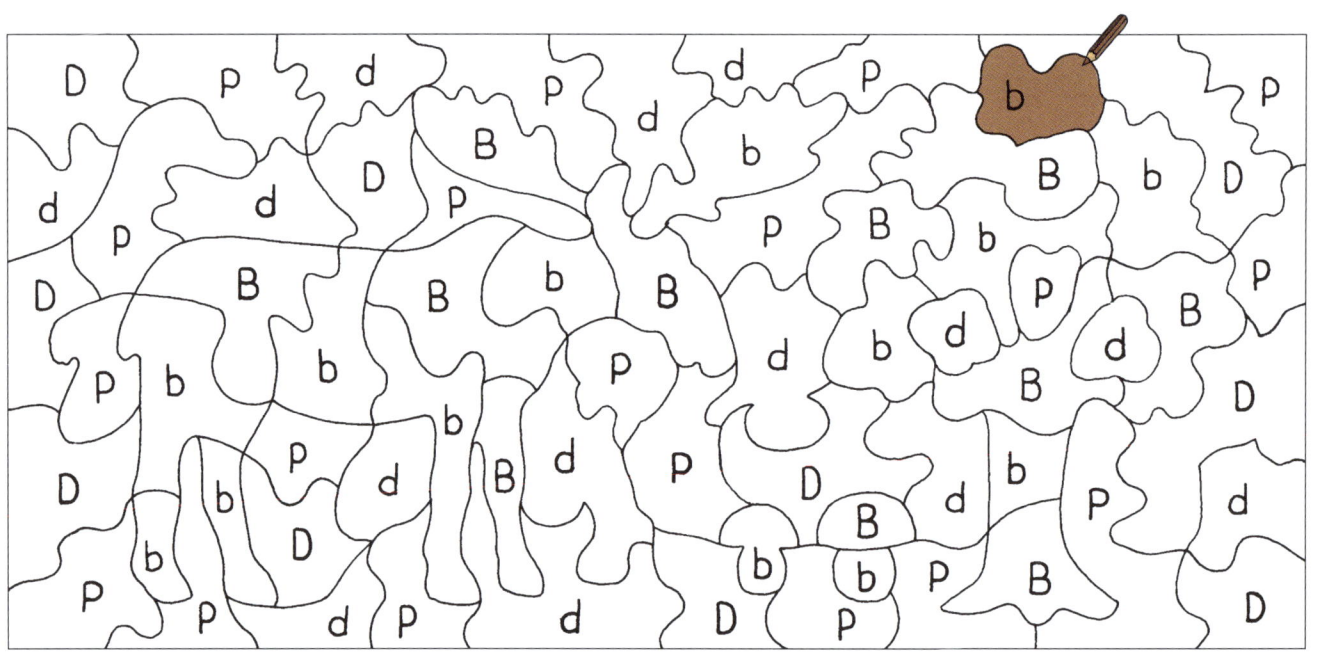

3

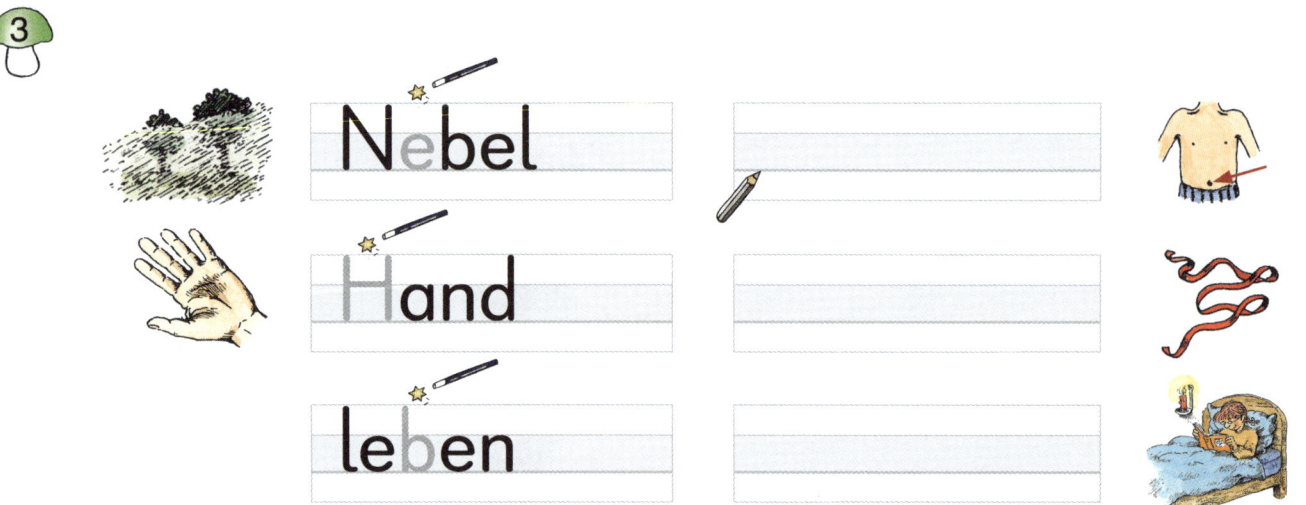

Nebel

Hand

leben

1: Wörter mithilfe der vorgegebenen Buchstaben verschriften
2: Aufgabe gemäß der Anweisung durchführen
3: graue Buchstaben unter den Sternchen jeweils der rechten Abbildung entsprechend austauschen und neues Wort schreiben

1 Male in allen **B** das **b** rot.

Es sind [ ] **b**.

B P D P B B
P B B D B P

Male immer ein **b**.

Es sind [ ] **b**.

b | | | |
| | | |

2 **2 Silben – ein Wort**

Far Sal ~~Bir~~
Ra Bie Be

sen ~~ne~~ ne
be be be

die Bir

der

die

der

die

die

3

Leben Enten in Betten? ◯ ◯

Essen die Tobis Brot? ◯ ◯

Haben Raben sieben Beine? ◯ ◯

Leben Biber im Bach? ◯ ◯

Haben Biber acht Beine?

Nein!

1: Aufgaben nach Anweisungen durchführen, b jeweils zählen und Anzahl notieren *(6 bzw. 10)*
2: zu den Bildern passende Wörter aus den vorhandenen Silben bilden und schreiben
3: Aussagen lesen, prüfen und *ja* oder *nein* ankreuzen; DIFF: eigene Fragen finden und mit *ja* oder *nein* beantworten lassen – P/G

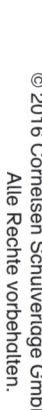

1 Wo passt das B/b?

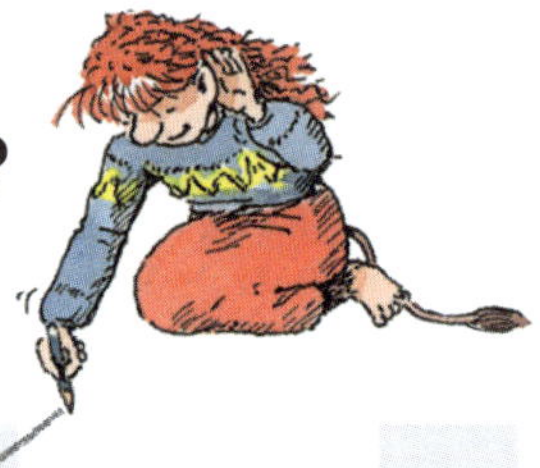

B b

B   B rot   □ose   □all   □ild   □elm

Brot

b   Ra□e   To□i   Far□e   Ta□el   Sil□e

2 Das sind Farben: 4 Beine haben: Im Wasser leben:

rot ✓   lieb
rosa   lila
breit   halb

Biber   Rabe
Elch   Wolf
Ente   Hase

Robbe   Biber
Biene   Delfin
Wal   Forelle

3 Welches Wort passt besser?

Die Tobis   leben / baden   im Wald.

Affen   lieben / braten   Bananen.

Mama liest im   Boot / Brot   .

Das Boot treibt im   Dach / Bach   .

In der Nacht bleiben die Tobis im   Brett / Bett   .

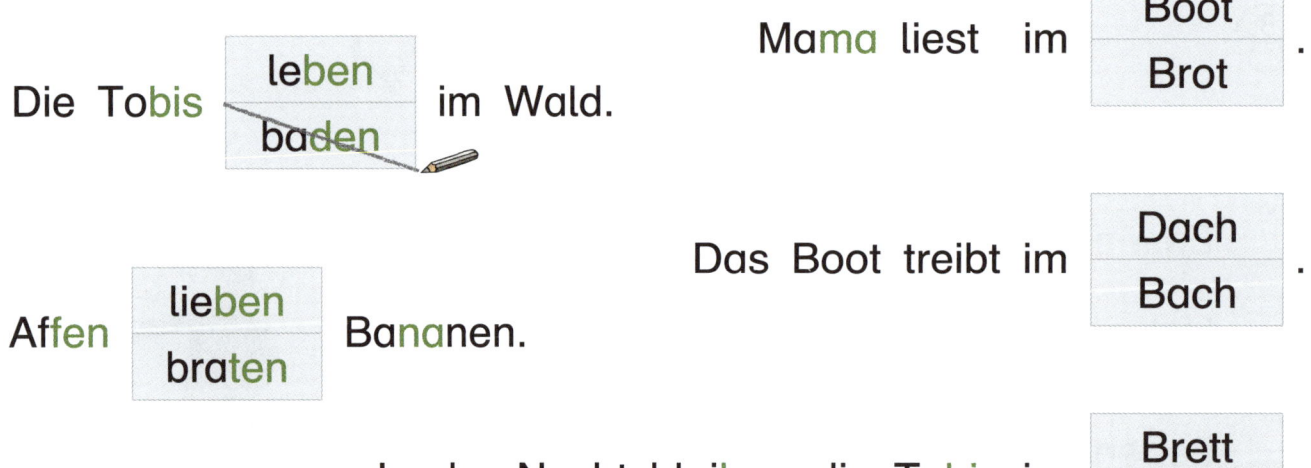

1: die Wortruinen jeweils mit B oder b vervollständigen, Unsinnswörter durchstreichen; richtige Wörter schreiben
2: jeweils die Wörter durchstreichen, die nicht zu den Angaben über den Zetteln passen, alle anderen Wörter abhaken
3: nicht zum Satz passendes Wort durchstreichen

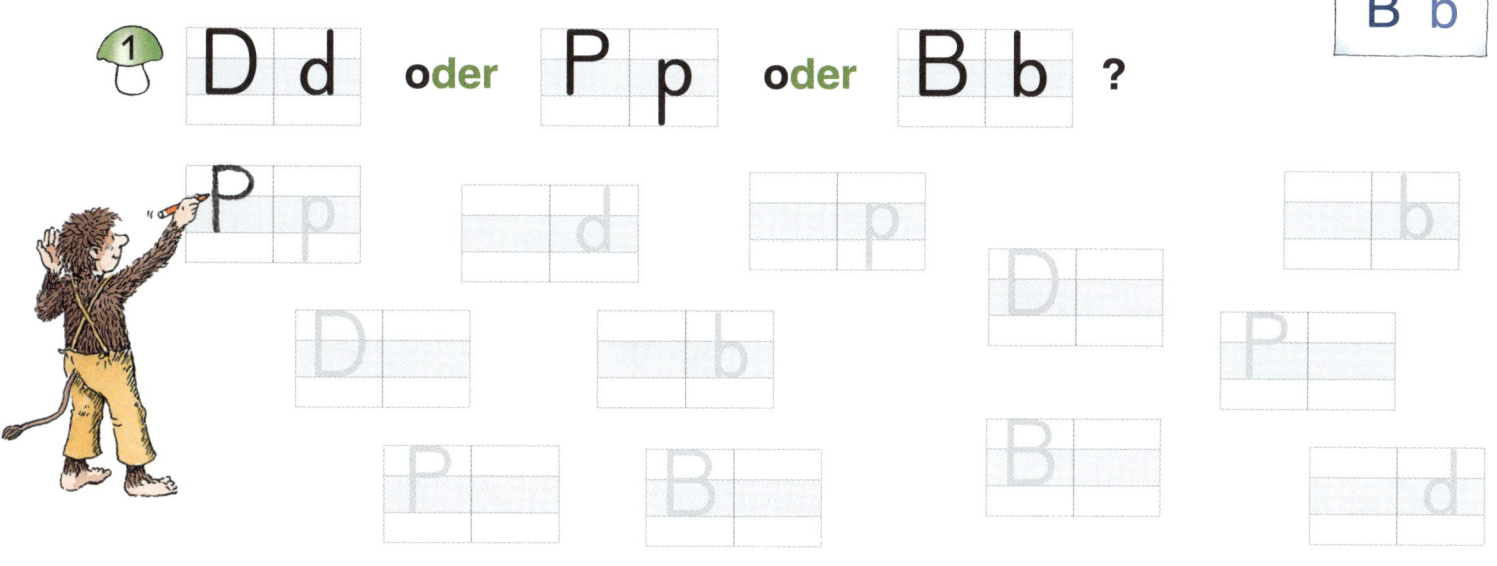

1 D d oder P p oder B b ?

P p   d   p   b

D   b   D   P

P   B   B   d

2

① Male das Obst in den passenden Farben an.

② Wo ist Opas Brille?

Der Rabe findet sie beim Boot. Er nimmt sie mit.

③ Der Rabe Leo frisst eine Birne. Male sie.

④ Im Herbst hat der Wald andere Farben

als im Sommer.

1: die vorhandenen Buchstaben nachspuren; die jeweils fehlenden Groß- oder Kleinbuchstaben ergänzen
2: Bilder den Sätzen durch Nummerierung zuordnen und nach den Angaben ergänzen

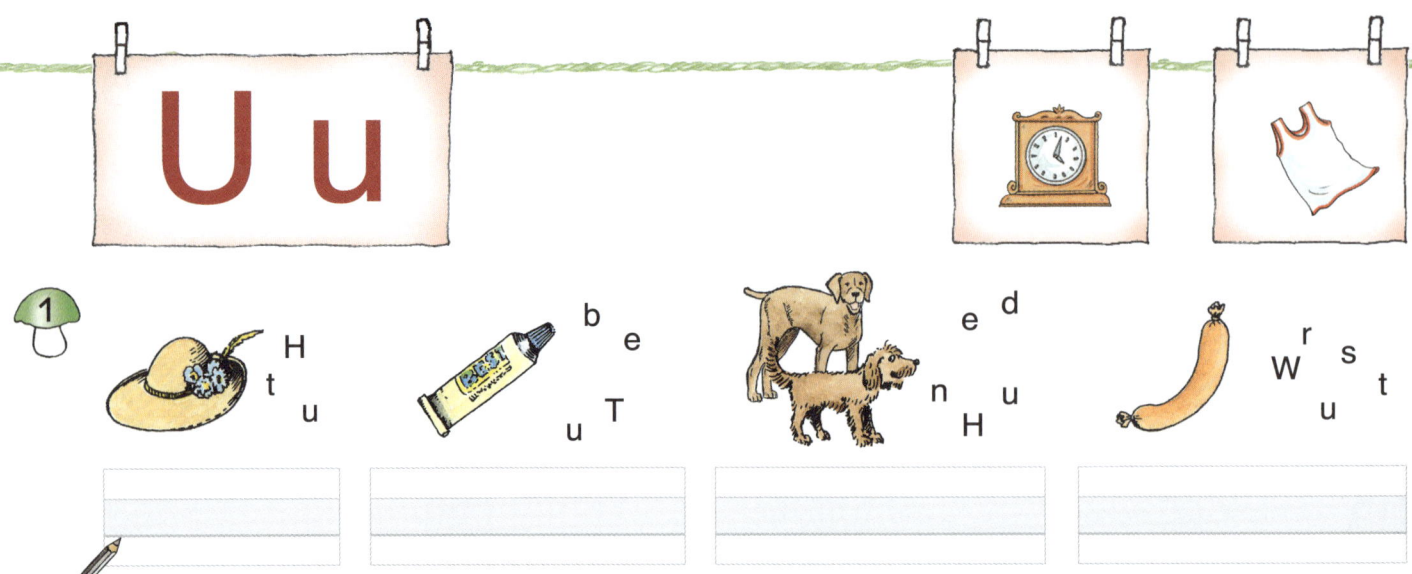

U u

1

H
t u

b e
u T

e d
n H u

w r s
u t

2 Suche das Wort **und**. Wie oft findest du es?

Wunder **bunt** *unten* Mund

rund **Ruder** Unfall sich *wundern*

Hund **Lumpen** *Wunde* Fund

rudern wunderbar Bruder Plunder

(und)

3

a	e	i (ie)	o	u
rasen	lesen	finden	trommeln	rufen
rasten	rennen	binden	toben	turnen
blasen	hecheln	niesen	loben	brummen
wandern	bellen	frieren	rodeln	rudern
radeln	reden	rasieren	rollen	pusten
lachen	heben	riechen	horchen	husten

u
und

1: Wörter mithilfe der vorgegebenen Buchstaben verschriften

2: Wort *und* innerhalb der Wörter einkreisen, zählen und Anzahl (9) auf dem Zettel notieren

3: Ein Kind sagt einen Selbstlaut (Vokal) und würfelt eine Zahl, das andere liest das entsprechende Wort (Verb) aus der Spalte vor, erklärt es und stellt es pantomimisch dar – P oder G

U u

1 **2 Silben – ein Wort**

| Blu | But | Pup |
| U | Tun | Mus |

| ~~fer~~ | me | ter |
| pe | nel | ter |

das Ufer

die

die

die

der

das

2

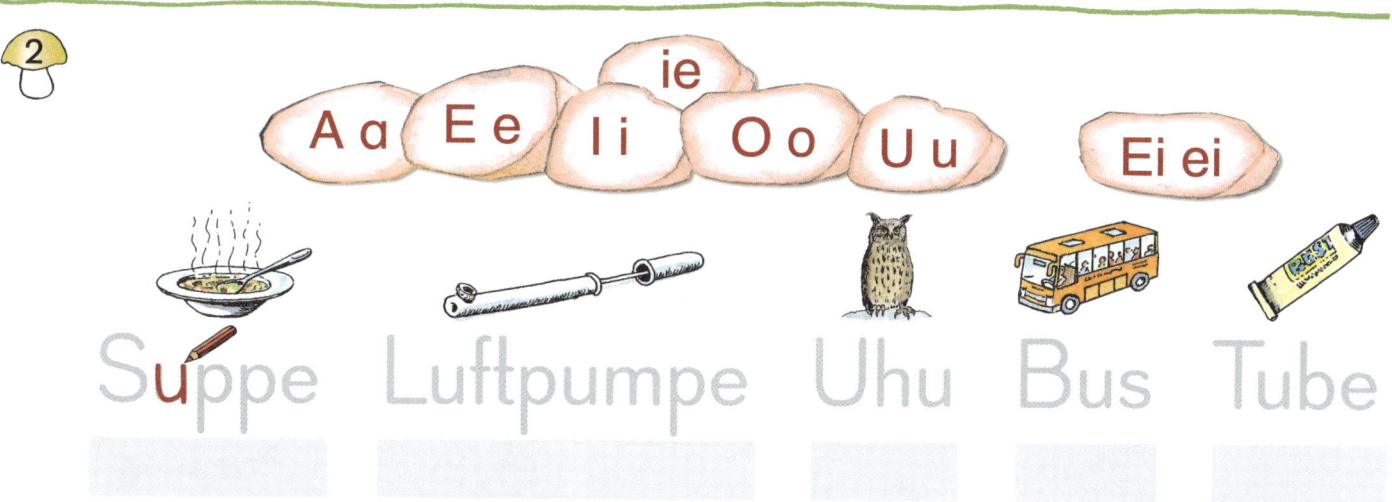

A a   E e   I i   ie   O o   U u   Ei ei

Suppe   Luftpumpe   Uhu   Bus   Tube

3 **Opa sucht seine Brille. Wo ist sie nur?**

◯ unter dem Hut   ◯ in Opas Hand   ◯ neben dem Buch

◯ unter dem Tuch   ◯ Leo hat sie   ◯ hinter der Blume

1: zu den Bildern passende Wörter aus den vorhandenen Silben bilden und schreiben
2: Vokale rot nachspuren, Silbenbögen zeichnen
3: mithilfe des Bildes die richtige Antwort auf die Frage ankreuzen

61

1

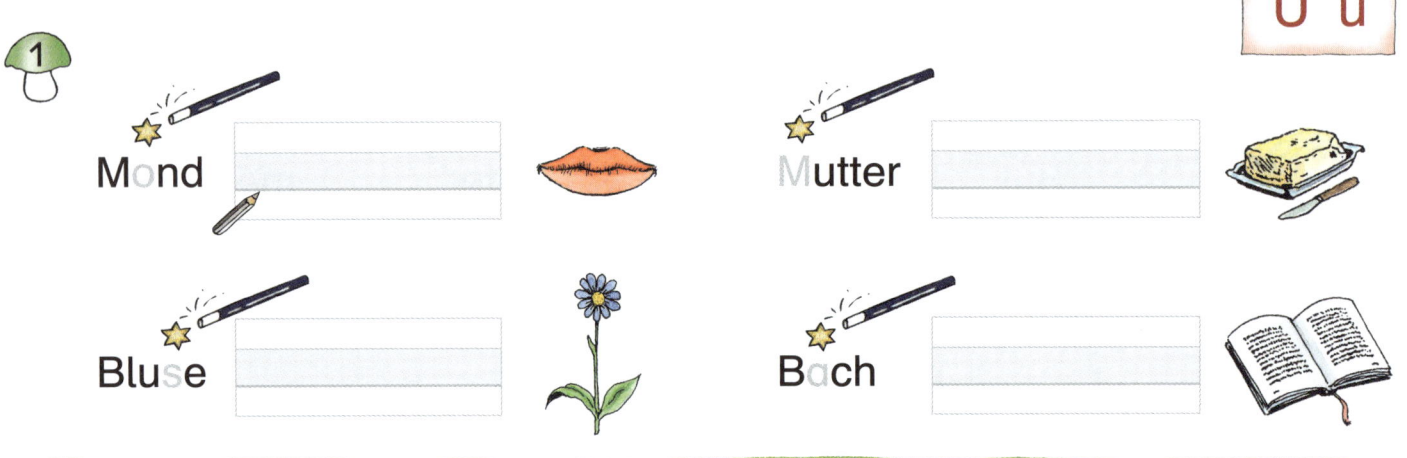

Mond

Mutter

Bluse

Bach

2

① Ela ruft den Hund und den Raben.

Elas Puppe ist unten in der Wiese.

② Der Troll flucht. Sein Hut treibt im Fluss.

Ole will helfen. Er holt den Hut.

③ Der Troll pustet einen roten Luftballon auf.

Alos Ballon rast durch die Luft.

④ Ela isst Nudeln. In Alos Suppe ist eine Wurst.

1: graue Buchstaben unter den Sternchen jeweils der rechten Abbildung entsprechend austauschen und neues Wort schreiben
2: Bilder den Sätzen durch Nummerierung zuordnen und nach den Angaben ergänzen

eh oh
ah ih uh

 Hahn    Reh   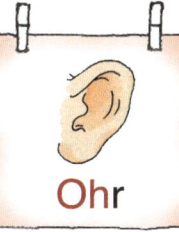 Ohr

1

 H n uh    e r r oh B   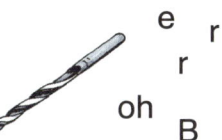 S ah n e    F ah n e n

_____   _____   _____   _____

2

① die Bohne   ② das Fohlen   ③ die Uhr   ④ die Bahn

⑤ der Hahn   ⑥ der Fehler   ⑦ der Mohn   ⑧ die Sohle

 ○    ○   ○ $3 + 4 = 5$  ○

 ○   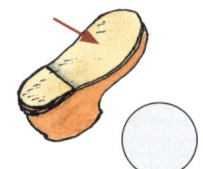 ○    ○    ○

3

Sahne _____    Ohr _____

Bahn _____    Mohn _____

Zeh _____    Sehne _____

1: Wörter mithilfe der vorgegebenen Buchstaben verschriften
2: Bilder den Wörtern durch Nummerierung zuordnen
3: (graue) Buchstaben unter den Sternchen jeweils der rechten Abbildung entsprechend austauschen und neues Wort schreiben

63

1 **Welches Teil passt nicht?**

Boh			neh			fah	
Feh	rer		deh	nen		mah	ren
Leh			woh			boh	

2 **Wahr oder nicht wahr?**

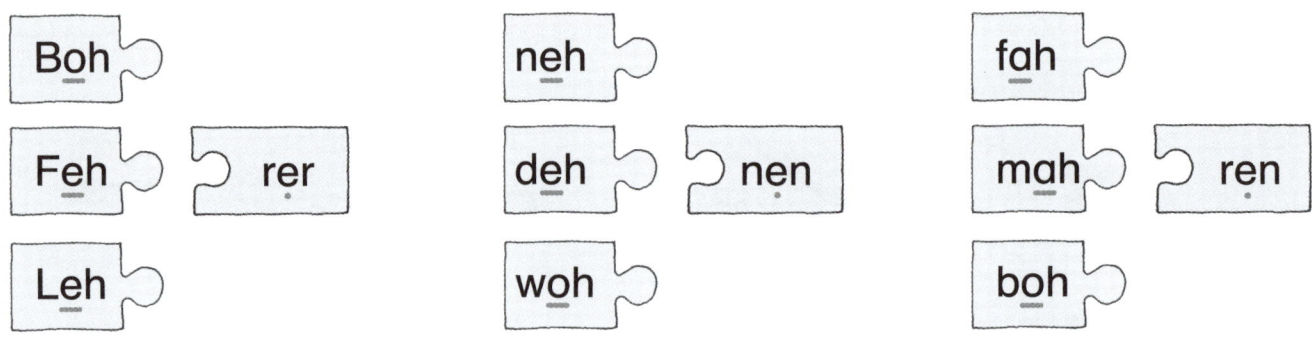

Die Tobis wohnen im Wald.   ◯ ◯

Ich mache nie Fehler.   ◯ ◯

U-Bahnen fahren unter der Erde.   ◯ ◯

Ein Loch in der Uhr tut sehr weh.   ◯ ◯

Aus rohen Eiern macht man Sahne.   ◯ ◯

3 Im rechten Bild sind acht Fehler.

Male um die Fehler einen roten ◯.

1: Wörter zusammengesetzt lesen und jeweils die nicht zur Endsilbe passende Anfangssilbe durchstreichen
2: Aussagen lesen, prüfen und *ja* oder *nein* ankreuzen; DIFF: eigene Aussagen finden und mit *wahr* oder *nicht wahr* beantworten lassen – P/G
3: Aufgabe gemäß der Anweisung durchführen

K k

1

s e
k K

i s
K
t e

R a
e e
t k

u K
n
e ch

2 **Welches Teil passt nicht?**

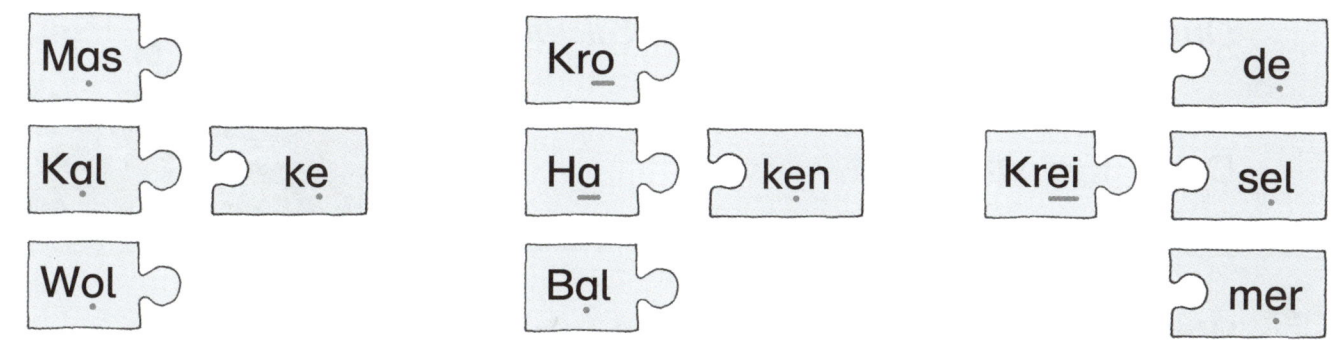

Mas					de
Kal	ke	Ha	ken	Krei	sel
Wol		Bal			mer

3 **Silbenkerne**

Eine Silbe hat immer einen Silbenkern.

Alle Silbenkerne sind im Tobi-Tor rot.

ie
A a   E e   I i   O o   U u   Ei ei

Ich bin ein Silbenkern.

Ich auch!

Kaktus   Paket   Kind   Kuchen   Kalender

Kleid   Krokodil   Kuss   Musik   Kilometer

1: Wörter mithilfe der vorgegebenen Buchstaben verschriften
2: Wörter zusammengesetzt lesen und jeweils die nicht passende Silbe durchstreichen
3: Vokale rot nachspuren, Silbenbögen zeichnen; im Klassengespräch auf die Regelhaftigkeit eingehen – G

be · komm · en · st · t

Die Tobis **kommen** am See an.

komm st

komm en ✓

be komm st

komm t

Ein Kobold _____ mit seinem Hund.

Er redet mit Ela: _____ du mit?

Nein, ich komme nicht mit!

Du _____ eine Silberkette.

Doch Ela will nicht.

---

2 **Was ist mit diesen Kobolden passiert?**

① Einer kehrte den Kamin.   ② Einer war frech.

③ Einer fiel in einen Kaktus.   ④ Einer kochte Nudeln.

⑤ Einer

1: Sätze lesen, fehlende Wörter aus Wortbausteinen zusammensetzen bzw. mit den passenden Bausteinwörtern ergänzen
2: Sätze den Kobolden durch Nummerierung zuordnen – DIFF: einen passenden Satz zum Kobold Nr. 5 frei schreiben; eigene Lösung mit Lösungen anderer Kinder vergleichen – P/G

1 2 Silben – ein Wort

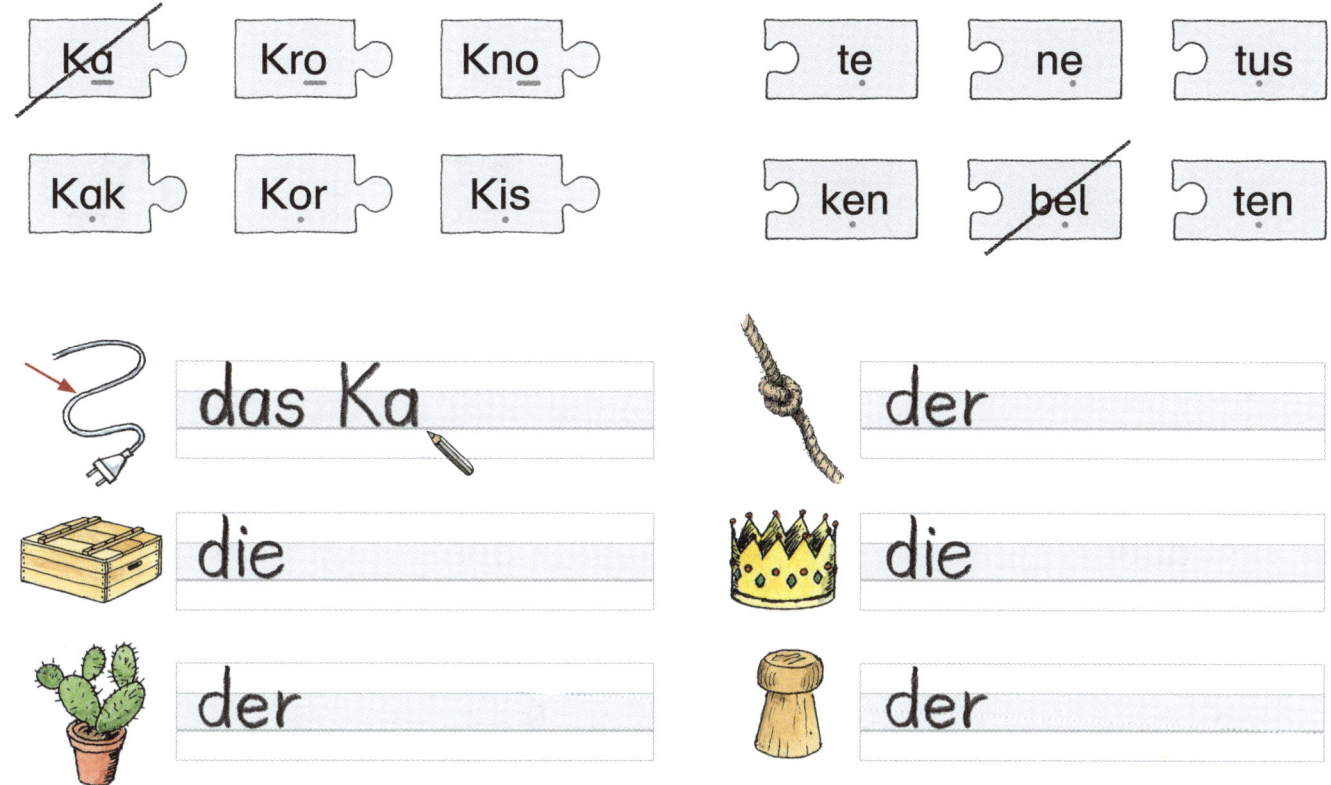

| Ka | Kro | Kno | | te | ne | tus |
| Kak | Kor | Kis | | ken | bel | ten |

das Ka   der

die   die

der   der

2 **Notiere die Nummern und male.**

① Der Kobold mit der Maske hat eine Krawatte um.

② Der Kobold mit der Brille hat einen Bart am Kinn.

③ Der Kobold mit der Kappe hat eine Halskette um.

④ Der Kobold mit der Narbe am Kinn hat blonde Haare.

1: zu den Bildern passende Wörter aus den vorhandenen Silben bilden und schreiben
2: Sätze den Kobolden durch Nummerierung zuordnen und nach den Angaben ergänzen

Au au

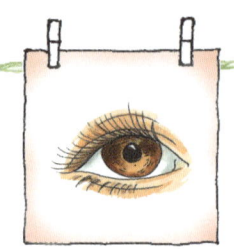

1

M s
au

e r
au
M

r au
F

e p
au
R

2

Mauer

Raum

Laus

Bauch

3 **Welches Teil passt nicht?**

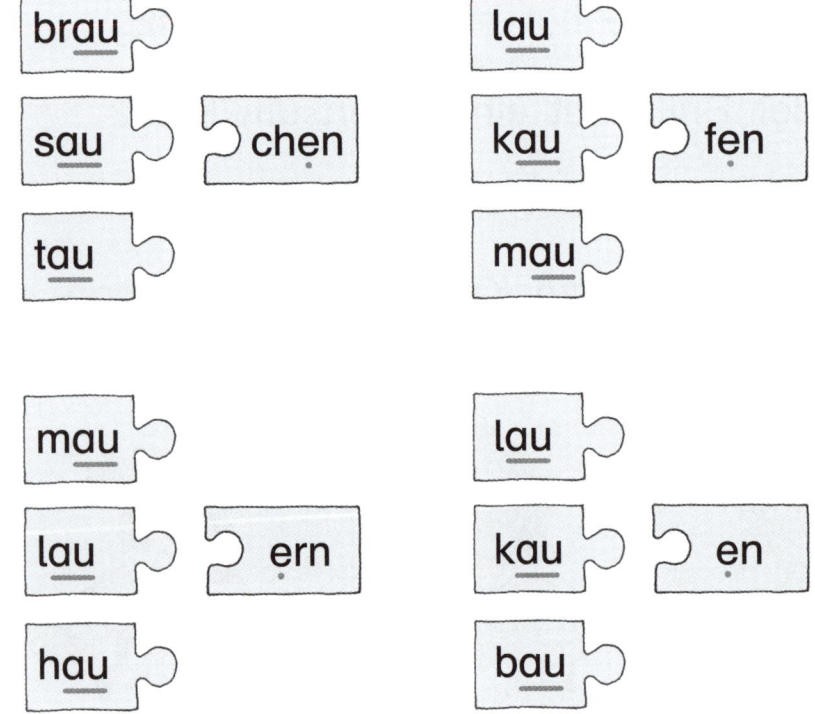

brau
sau — chen
tau

lau
kau — fen
mau

mau
lau — ern
hau

lau
kau — en
bau

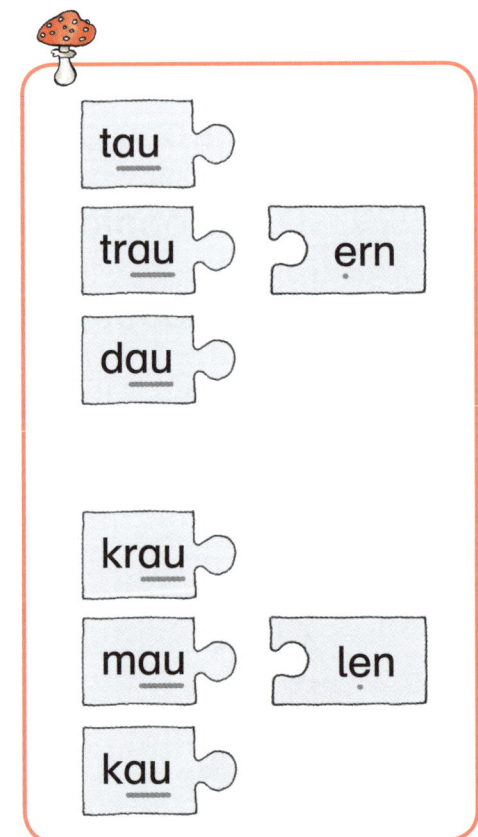

tau
trau — ern
dau

krau
mau — len
kau

© 2016 Cornelsen Schulverlage GmbH, Berlin. Alle Rechte vorbehalten.

1: Wörter mithilfe der vorgegebenen Buchstaben verschriften
2: graue Buchstaben unter den Sternchen jeweils der rechten Abbildung entsprechend austauschen und neues Wort schreiben
3: Wörter zusammengesetzt lesen und jeweils die nicht passende Silbe durchstreichen

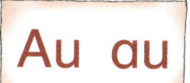

Au au

1

Selbstlaute

Die Silbenkerne nennt man auch Selbstlaute.

A a   E e   ie   I i   O o   U u   Ei ei   Au au

Mauer   Posaune   Bauch   Automat

Haus   Wolke   Weintraube   Maske

2

Lies und male.

Auf dem Laubbaum landet eine Taube.

Neben dem Nadelbaum ist ein Laubhaufen.

Auf der Mauer lauert ein Kater.

Aus dem Loch unter der Mauer

schaut eine braune Maus heraus.

1: Vokale rot nachspuren, Silbenbögen zeichnen
2: Abbildung entsprechend der Textvorgabe ergänzen

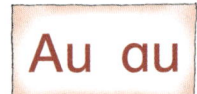

Au au

 1 **2-mal**   **: Sinn oder Unsinn?**

 Der alte Kobold  seinen Kater.

 Ole  auf einem Knochen.

 Ela an einem Keks.

 Der Maurer  ein Haus.

 Alo ein Krokodil.

Tobi-Papa Sauerkraut mit Knoblauch.

 krault

 kaut

 knabbert

 baut

 knetet

 kocht

---

 2 **Au/au oder Ei/ei?**

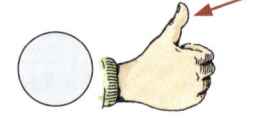  

1 die R au pe

2 die S___fe

3 die Kr___de

4 der D___men

5 das ___to

6 die W___n tr___be

7 der ___sw___s

8 die Bl___m___se

9 das R___henh___s

1: ein Kind würfelt zweimal (je einmal für den Satz und das einzusetzende Verb), das andere Kind liest den entstandenen Satz vor – P
2: Lückenwörter durch Einsetzen von *Au/au* oder *Ei/ei* ergänzen, das passende Bild durch Nummerierung zuordnen

Pf pf

1

au Pf
l
e m

pf A
l
e

K
pf o

t e
o
Pf

2

① die Pfei**fe** ② der Pfir**sich** ③ die Pfan**ne** ④ der Pfeil

⑤ das Pferd ⑥ der Dampf ⑦ das Pflas**ter** ⑧ der Pfau

⑨ der Pfahl ⑩ der Dampfer ⑪ der Tropfen ⑫ der Napf

 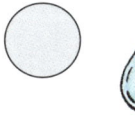  

3 Reime

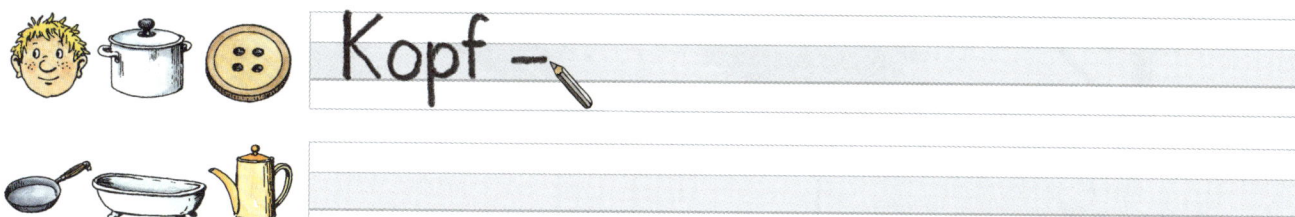 Kopf –

1: Wörter mithilfe der vorgegebenen Buchstaben verschriften
2: Wörter den Bildern durch Nummerierung zuordnen
3: die zu den Abbildungen passenden Reimwörter frei schreiben

Sch sch

 **1**

 Sch uh

 n a w Sch

 T a e sch

 sche u D e

 2

Schaukel

Schule

Scheine

Schal

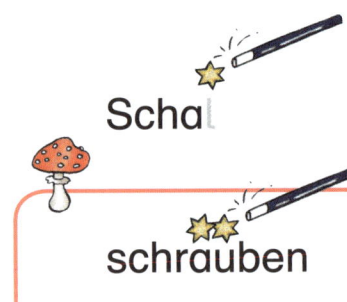

schrauben

3 Die Schatten sind falsch.

Welcher Schatten passt an welches Bild?

1: Wörter mithilfe der vorgegebenen Buchstaben verschriften
2: (graue) Buchstaben unter den Sternchen jeweils der rechten Abbildung entsprechend austauschen und neues Wort schreiben
3: richtige Schattennummern unter die Bilder schreiben

 1 Was ist da falsch? Tausche die Selbstlaute aus.

| Fosch   Maschel   Schurben   Schichtel   Schrunk   Tusche |

 Scherben

Schnoo   Schwaun   Dische   Scheifel

2 **Dreimal**

 Tante Mascha   liebt   Onkel Otto.

 Die Erde   umkreist   die Sonne.

 Die Kuh Berta   kaut   den Klee.

 Der Schwan   trinkt   Teichwasser.

 Die Amsel   baut   ein Nest.

 Mein Papa   kocht   Fischsuppe.

1: Wörter lesen, durch probierenden Austausch der Vokale sinnvolle Wörter bilden und zu den passenden Bildern schreiben
2: dreimal (für jeden Satzteil einmal) würfeln, entstehenden Satz lesen – P/G

1 2 Silben – ein Wort

Schna	re	~~tel~~	bel
Schau			
Schrau			
Sche	fel	ter	be
Schal			
~~Schach~~			

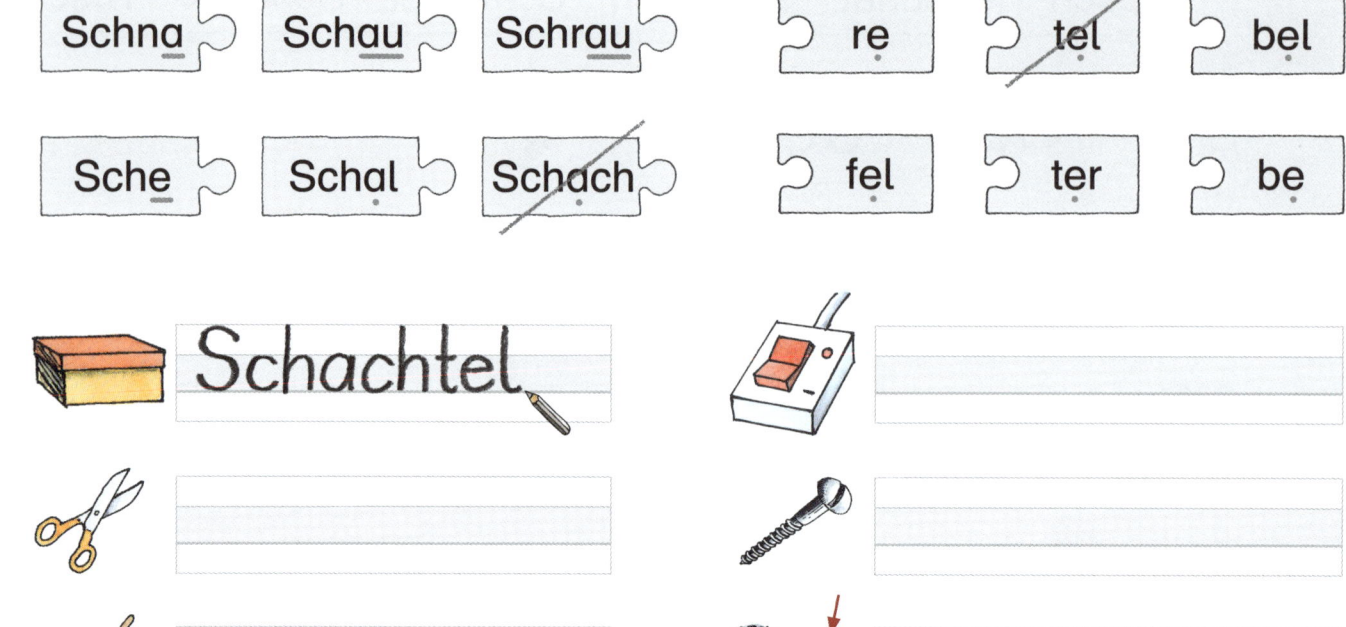

Schachtel

---

2 Welches Wort passt?

Einen Teller kann man

○ abschrauben.

○ ablesen.

○ abwaschen.

Ein Bild kann man

○ ausschlafen.

○ ausschneiden.

○ ausschreien.

Ein Wort kann man

○ aufschreiben.

○ aufschneiden.

○ aufwischen.

Eine Maschine kann man

○ anschleichen.

○ anschreien.

○ anschalten.

1: zu den Bildern passende Wörter aus den vorhandenen Silben bilden und schreiben
2: Sätze erlesen, passende Verben ankreuzen

1 Wer oder was kann schwimmen?

- ( ) ein Schwan
- ( ) ein Fisch
- ( ) eine Scherbe
- ( ) ein Frosch
- ( ) eine Schere
- ( ) eine Schraube

- ( ) ein Schiff
- ( ) ein Schwert
- ( ) ein Mensch

Forsche nach: ( ) eine Flasche ( ) eine Schnur

2

(1) Was macht der Frosch auf dem Teller?

(2) Die Flasche mit dem Kirschsaft ist schon leer. Schade!

(3) Er schreibt nur seinen Namen.

(4) Die Schachtel mit den Flaschen ist schwer.

( )

( )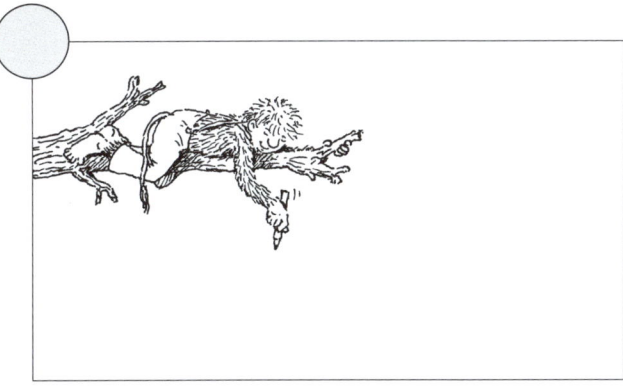

( )

( )

1: die Frage durch Ankreuzen der richtigen Aussagen beantworten – DIFF: selbst nachforschen – E/P/G
2: Bilder den Sätzen durch Nummerierung zuordnen und nach den Angaben ergänzen

G g

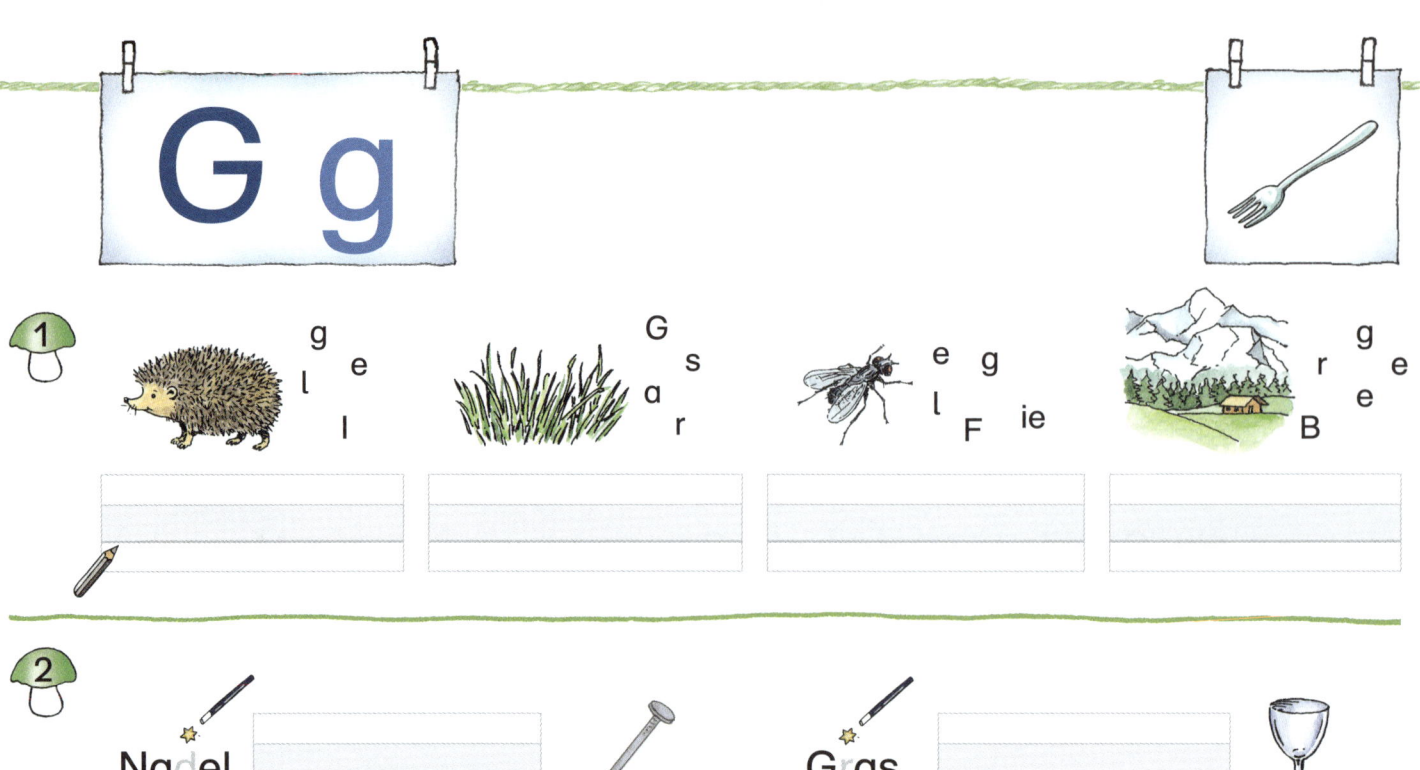

1

g
e
l
l Igel

G
s
a
r Gras

e g
l F ie Fliege

r g
e
e
B Berge

2

Nadel

Gras

Gold

Kegel

Kabel

Berg

Regel

Feige

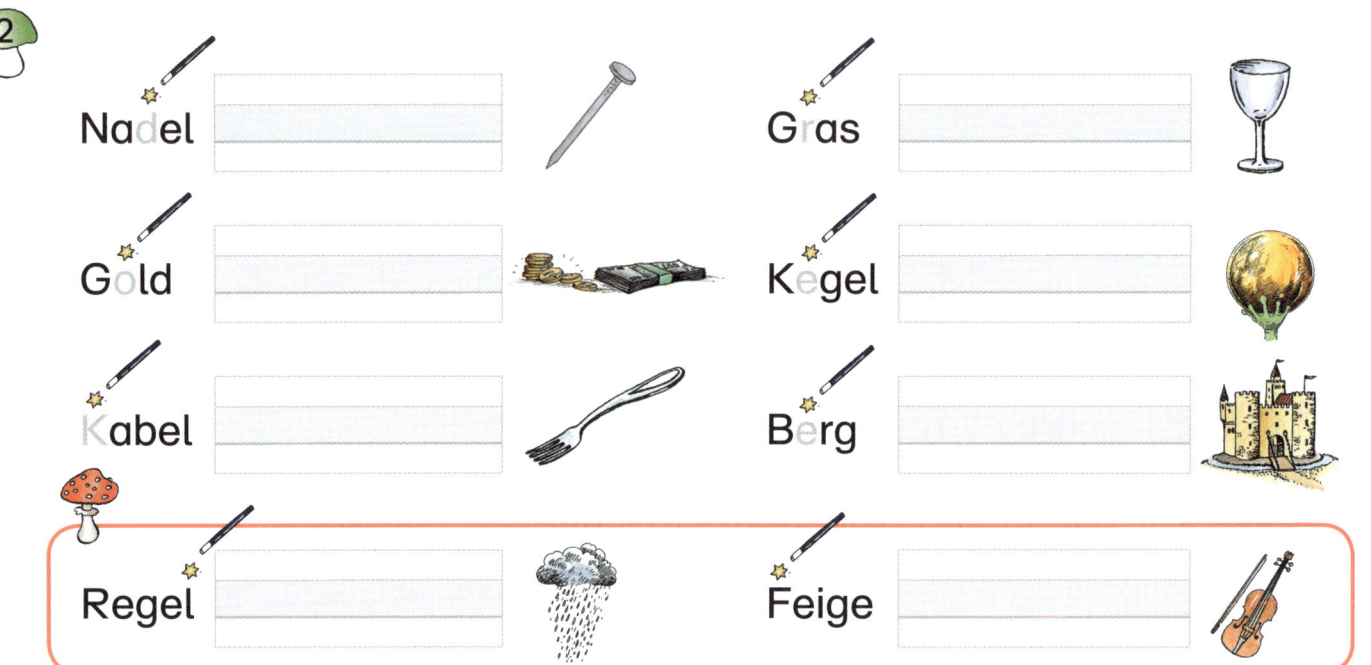

---

3 **Was ist gelogen?**

◯ Igel haben ein glattes Fell.

◯ Eine Gans kann fliegen.

◯ Gurken sind giftig.

◯ Wenn man Grippe hat, ist man gesund.

◯ Bei einem Gewitter regnet es oft.

1: Wörter mithilfe der vorgegebenen Buchstaben verschriften
2: (graue) Buchstaben unter den Sternchen jeweils der rechten Abbildung entsprechend austauschen und neues Wort schreiben
3: auf die Frage zutreffende Antworten ankreuzen

1 Hier fehlen Silben. Trage sie ein.

das **Ge** | **trei** | **de**

die **Gir** | | **de**

die **Gar** | **di** |

das **Se** | | **boot**

die | **raf** | **fe**

Gi | **lan** | **gel** | **trei** | **ne**

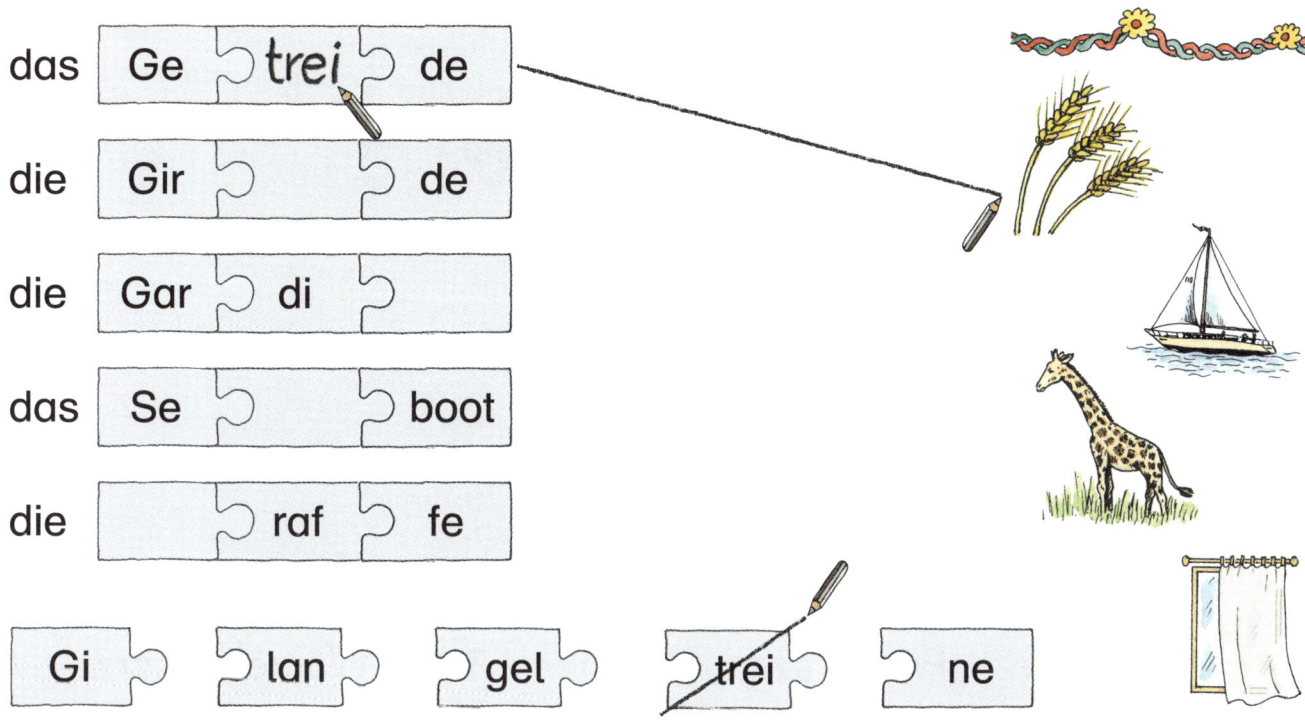

G g

---

2 **Was ist richtig? Was ist falsch?**

Im Tobi-Buch findest du

die Antworten.

Auf Seite 15 wandern die Tobis ins Gebirge.

Das ist falsch! Sie wandern ins Tal!

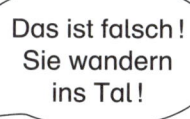

Seite 19	Ela begegnet einem Wolf.	◯	◯
Seite 24	Ein Igel hilft Ela.	◯	◯
Seite 29	Tobi-Mama liest gern Geschichten.	◯	◯
Seite 31	Alo ist in Gefahr.	◯	◯
Seite 36	Die Tobis geraten in ein Gewitter.	◯	◯
Seite 47	Opa hat eine Gitarre und keine Geige.	◯	◯

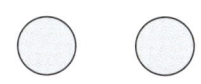

1: Wörter gemäß den Abbildungen ergänzen und mit den passenden Abbildungen verbinden
2: Aussagen mithilfe des Tobi-Erstlesebuchs prüfen, entsprechend *richtig* oder *falsch* ankreuzen;
DIFF: eigene Aussagen zu Seiten im Buch machen und mit *richtig* oder *falsch* beantworten lassen – P/G

Z z

1

2 In beiden Zeilen ist ein Wort zweimal da. Kreise es ein.

zu **ziehen** *zwei* *zeigen* **zwinkern** *zum* zur zeigen zierlich *zehn*

Zeit *Herz* *Pilz* *Tanz* Zimmer Zeit Wurzel **Kerze** *Holz*

3

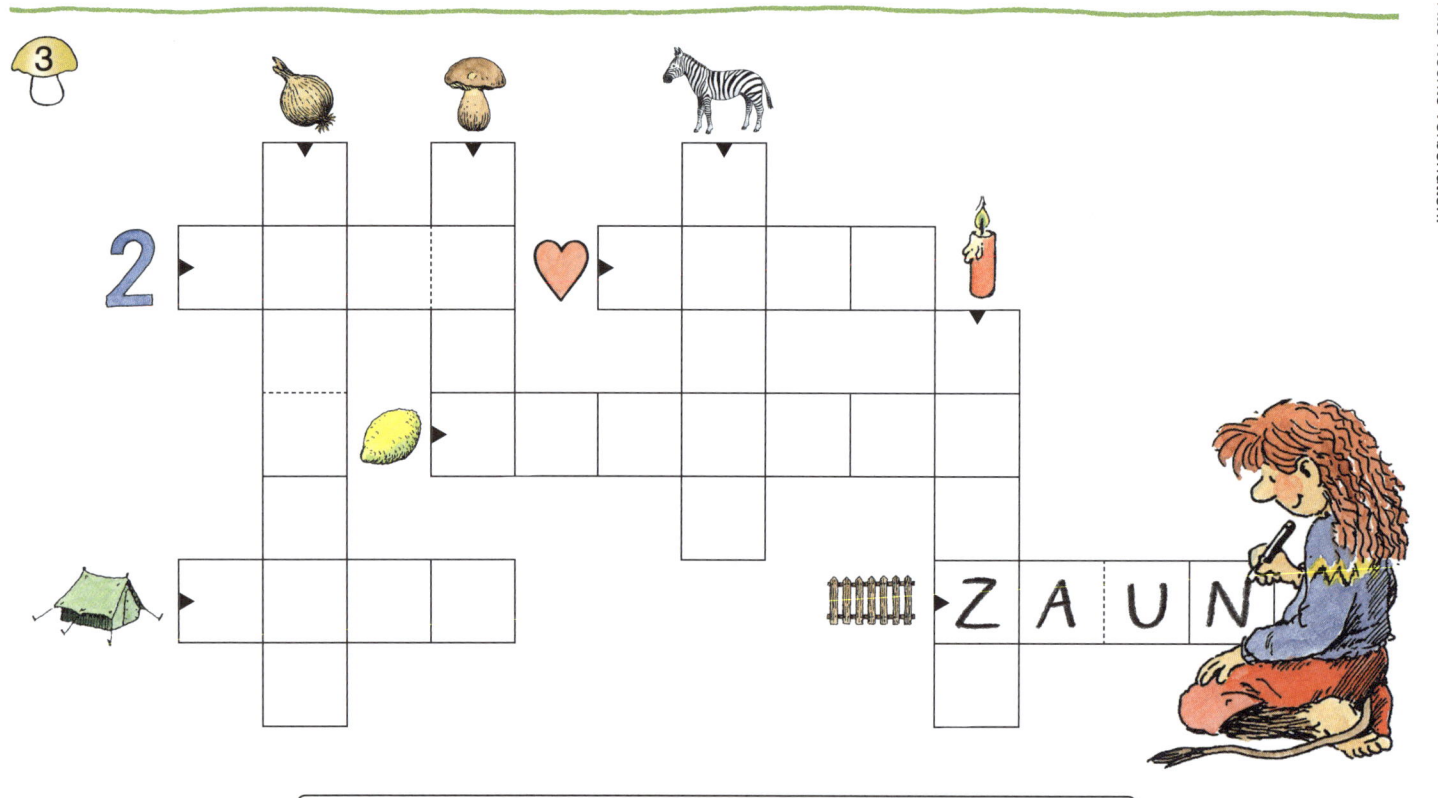

ZAUN   ZEBRA   ZWEI   ZELT   KERZE

ZITRONE   HERZ   ZWIEBEL   PILZ

1: Wörter mithilfe der vorgegebenen Buchstaben verschriften
2: Aufgabe gemäß der Anweisung durchführen
3: Kreuzworträtsel: Wörter mit großen Druckbuchstaben eintragen; DIFF: eigene Rätsel erfinden– P/G

1 Schreibe die richtigen Zahlen zu den Bildern.

(1) der Zaun

(2) das Zelt

(3) die Zwiebel

(4) die Ziege

(5) die Zitrone

(6) der Zahn

○ Was ist das?

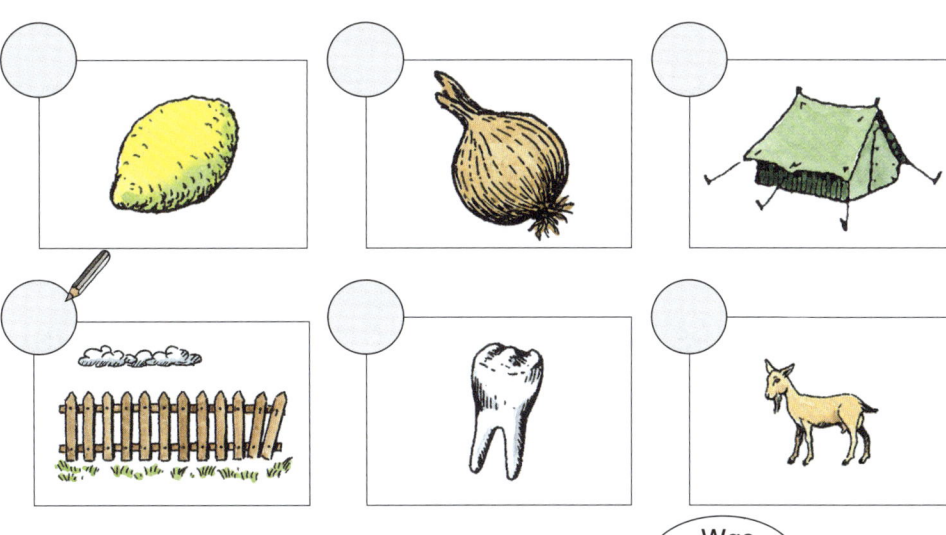

2 Schreibe nun die richtigen Zahlen aus Aufgabe 1 zu den Zetteln. Schreibe auch das passende Wort.

○ Man kann darin schlafen.

das

○ Sie ist gelb und sauer.

○ Er ist in deinem Mund. Du kaust damit.

○ Sie frisst Gras und gibt Milch.

○ Seine Latten sind aus Holz.

○ Wenn du sie klein schneidest, musst du weinen.

1: Wörter den Bildern durch Nummerierung zuordnen
2: Aufgabe gemäß der Anweisung durchführen; DIFF: eigene Rätsel erfinden – P/G

Z z

 1 **Wel**ches **Wort passt?**

zu   zur   zum

Paul kann nicht _____ Schule gehen.

Er hat Zahnschmerzen und muss _____ Zahnarzt.

Gut, dass sein Papa _____ Hause ist.

Paul geht nicht gerne allein _____ Arzt.

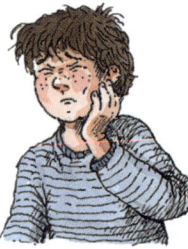

2

① Ela holt einen schwarzen Hut aus dem Zelt.

② Papa zieht die Ziege und Ela schiebt sie.

③ Pilze und Tomaten sollen noch auf die Pizza.

④ Die Ziege mag keine Zitronen.

1: Sätze mit den passenden Präpositionen ergänzen
2: Bilder den Sätzen durch Nummerierung zuordnen und nach den Angaben ergänzen
→ **TEST 4** (Das kann ich schon)

ck

Sack

1

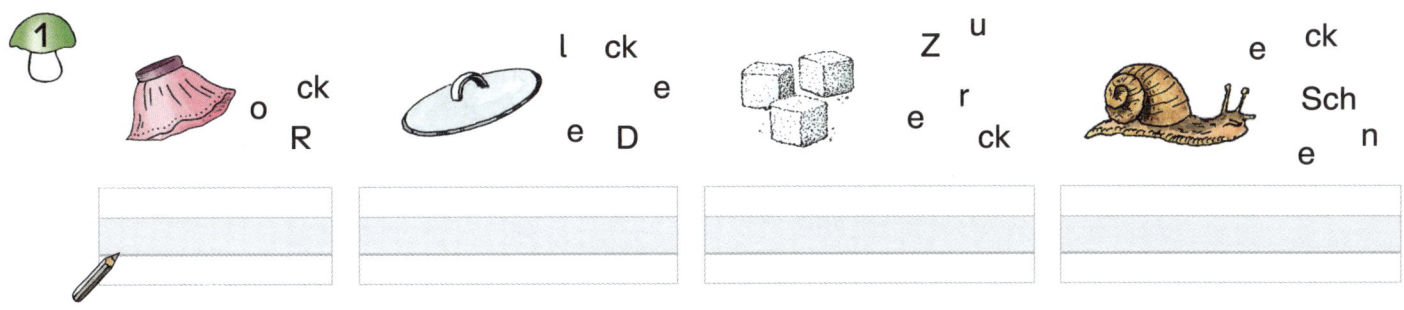

o ck R   l ck e e D   z u e r ck   e ck Sch n e

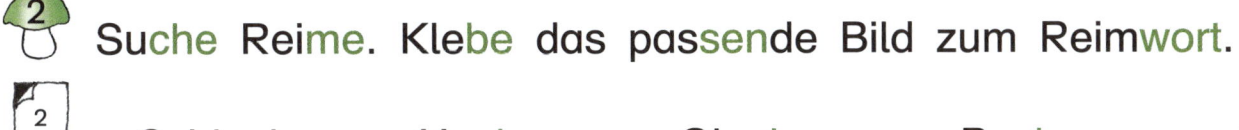

2 Suche Reime. Klebe das passende Bild zum Reimwort.

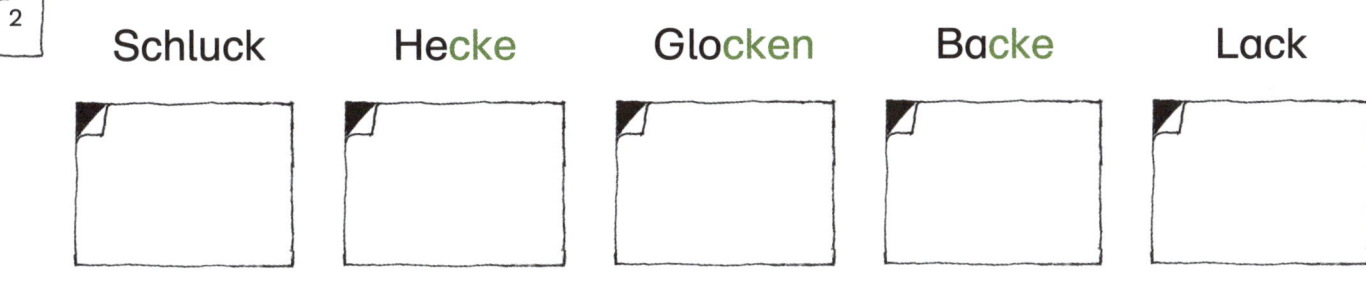

| Schluck | Hecke | Glocken | Backe | Lack |

3 ck **oder** ch ?

Da**ck**el   Fle☐   su☐en   we☐en   Dra☐en

Bau☐   Flo☐e   schme☐en   Da☐   Schne☐e

De☐el   Tri☐   krie☐en   So☐en   Schre☐

4 Suche das Gegenteil. Nimm immer eine andere Farbe.

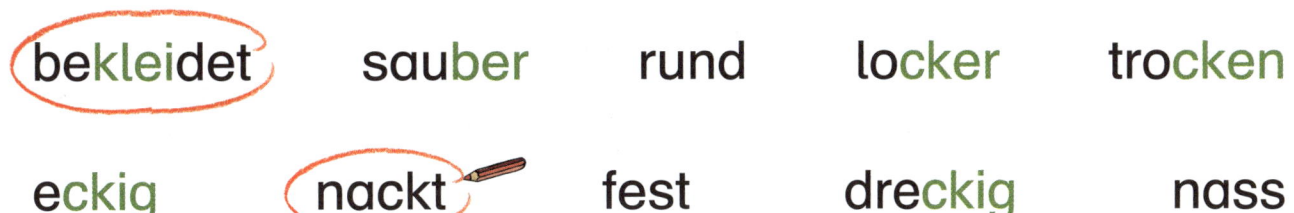

bekleidet   sauber   rund   locker   trocken

eckig   nackt   fest   dreckig   nass

1: Wörter mithilfe der vorgegebenen Buchstaben verschriften
2: zu den Begriffen Reimwortbilder vom Klebebogen 2 suchen und passend aufkleben
3: Lückenwörter sinnvoll mit *ch* oder *ck* ergänzen
4: Aufgabe gemäß der Anweisung durchführen

ng

Ring

1

 E l e ng

 a e Z ng

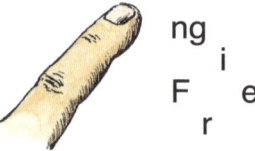 ng i F e r

 a ng e l Sch

---

2 Welcher Anfang passt zu welchem Ende? Ordne zu.

Schreibe dann die passende Zahl zum Bild.

① Manche Schlangen •   • klingt schrecklich.

② Papas Gesang •   • macht Mama keine Angst.

③ Dieser Geist •   • werden acht Meter lang.

④ An den Fingern sind •   • besser nicht angeln.

⑤ Papa hat •   • eine Menge Ringe.

⑥ Dort sollte der Troll •   • eine Menge Fische gefangen.

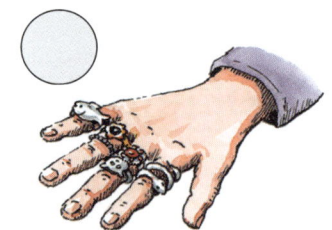

1: Wörter mithilfe der vorgegebenen Buchstaben verschriften
2: Aufgabe gemäß der Anweisung durchführen

St st

1

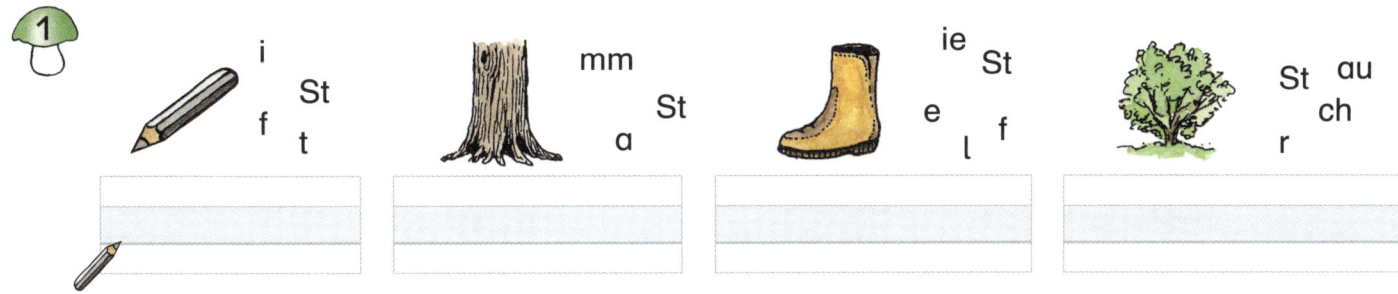

	i		mm		ie St		St au
	St		St		e		ch
f	t	a		l	f	r	

2

Stube

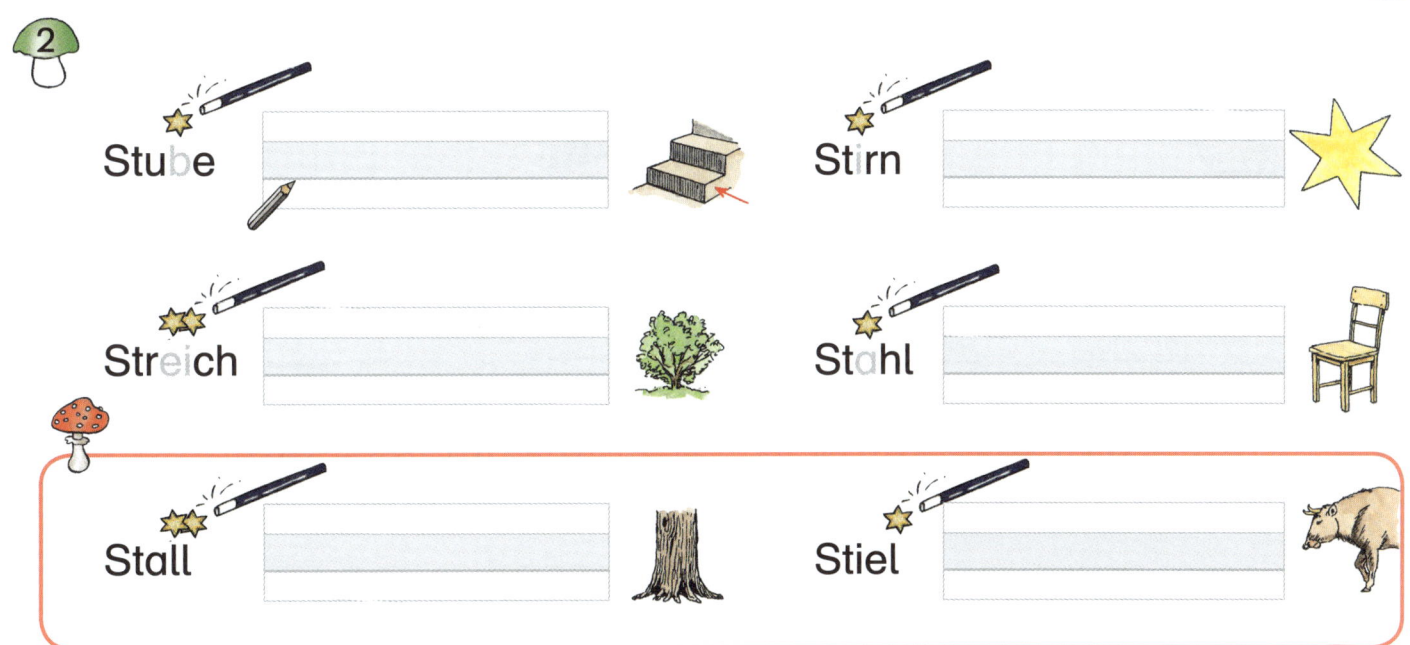

Stirn

Streich

Stahl

Stall

Stiel

3

Schreibe das **St** oder **st** wie in ⭐ **blau**.

Schreibe das **st** wie in 📦 **schwarz**.

Stufe Angst Stange still Stirn staunen

basteln lustig Storch Nest Stift

stehen Baumstamm Herbst

Mist Stunde stark Obst Stein

1: Wörter mithilfe der vorgegebenen Buchstaben verschriften
2: (graue) Buchstaben unter den Sternchen jeweils der rechten Abbildung entsprechend austauschen und neues Wort schreiben
3: Wörter nach dem Klang des *St/st* abhören und in den angegebenen Farben nachspuren

St st

1 **Zwei Silben – ein Wort**

| Stie | Stei | Stu | | te | fe | fel |

| Stem | Stif | Ste | | ne | cker | pel |

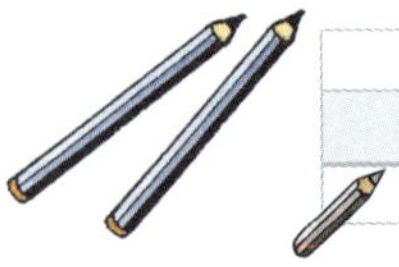

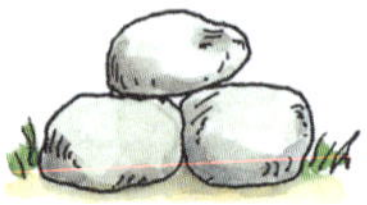

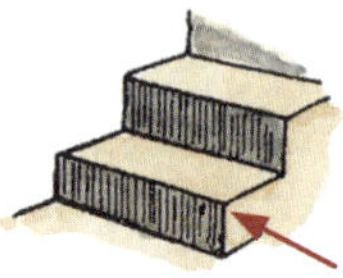

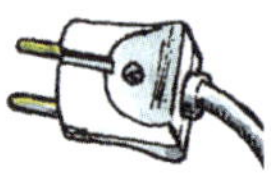

2

| stol | stri | | chelt | pert |

| strei | strei | | cken | ten |

Alo will auch gerne _____ .

Ela _____ ein Kaninchen.

Die beiden Kinder _____ sich.

Da liegt ein Stein. Alo _____ .

1: zu den Bildern passende Wörter aus den vorhandenen Silben bilden und schreiben
2: Sätze ergänzen: zu den Bildern passende Verben aus den vorhandenen Silben bilden

1

Was stimmt?
Was stimmt nicht?

Ein Storch hat zwei lange Beine.

Ich glaube, das stimmt.

	stimmt	stimmt nicht
Ein Kaktus hat Stacheln.	◯	◯
Eine Stadt ist kleiner als ein Dorf.	◯	◯
Der Stich einer Wespe tut weh.	◯	◯
Bei einem Sturm gibt es keinen Wind.	◯	◯

St st

2

Ela sucht die Tobis. Welchen Weg nimmt sie?

Male immer den richtigen Weg aus.

Ela steigt die steilen

Stufen hinauf.

Sie nimmt den schmalen

Steg.

Elas Weg zum Strand

ist sehr lang.

Ela nimmt den Weg

in Richtung der Tannen.

1: Aussagen lesen, prüfen und *stimmt* oder *stimmt nicht* ankreuzen;
DIFF: eigene Aussagen finden und mit *stimmt* oder *stimmt nicht* beantworten lassen – P/G
2: Aufgabe gemäß der Anweisung durchführen

85

chs

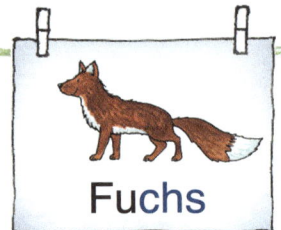

Fuchs

1

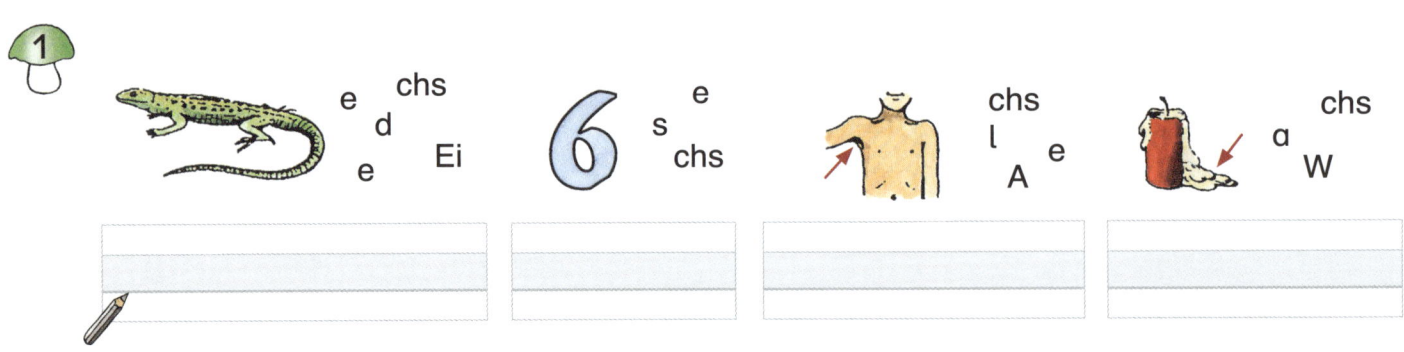

e chs d e Ei

e s chs

chs l e A

chs a W

2

Die Tobis kneten sechs Tiere aus Wachs.
5 Wachstiere stehen schon auf dem Tisch.
Das sechste Tier fehlt. Zeichne es.

Tiere im Wald
Echsen

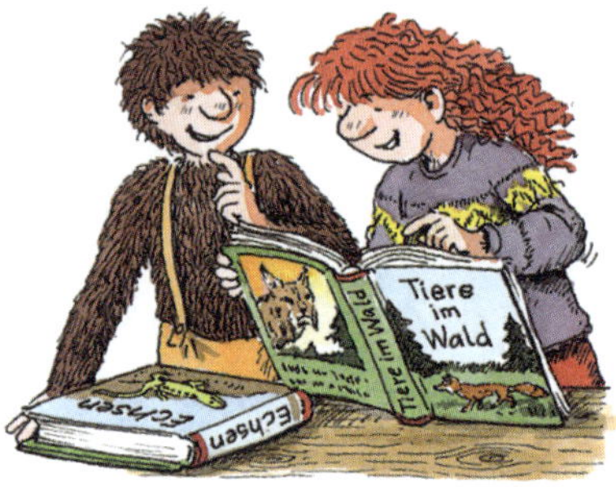

Schreibe die Namen der Tiere auf die Karten.

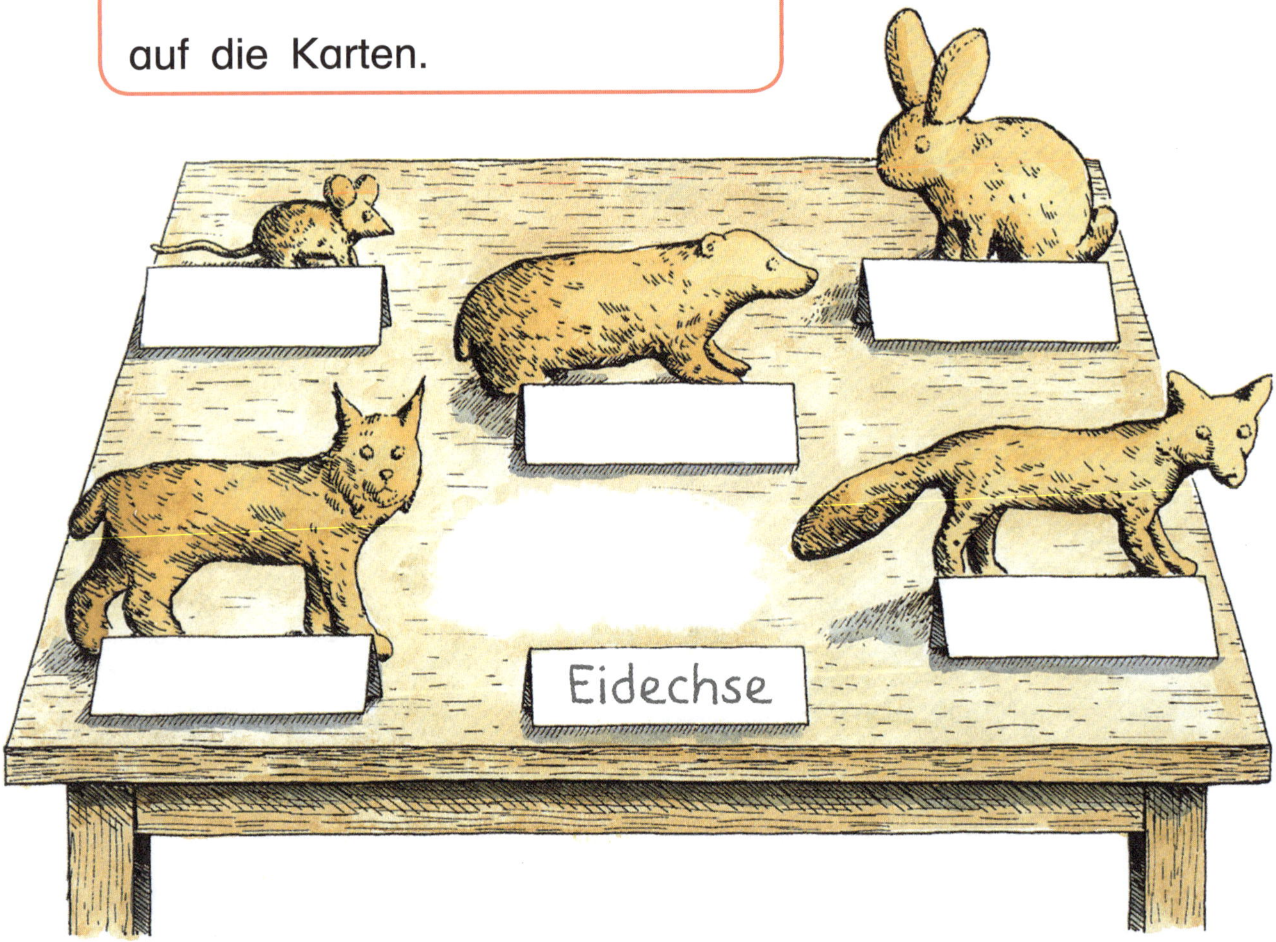

Eidechse

1: Wörter mithilfe der vorgegebenen Buchstaben verschriften
2: Bild nach Textvorgabe ergänzen, fehlendes Tier malen –
DIFF: die Namen der anderen Tiere aufschreiben, ggf. dafür gemeinsam im Lexikon/Internet recherchieren – P

1

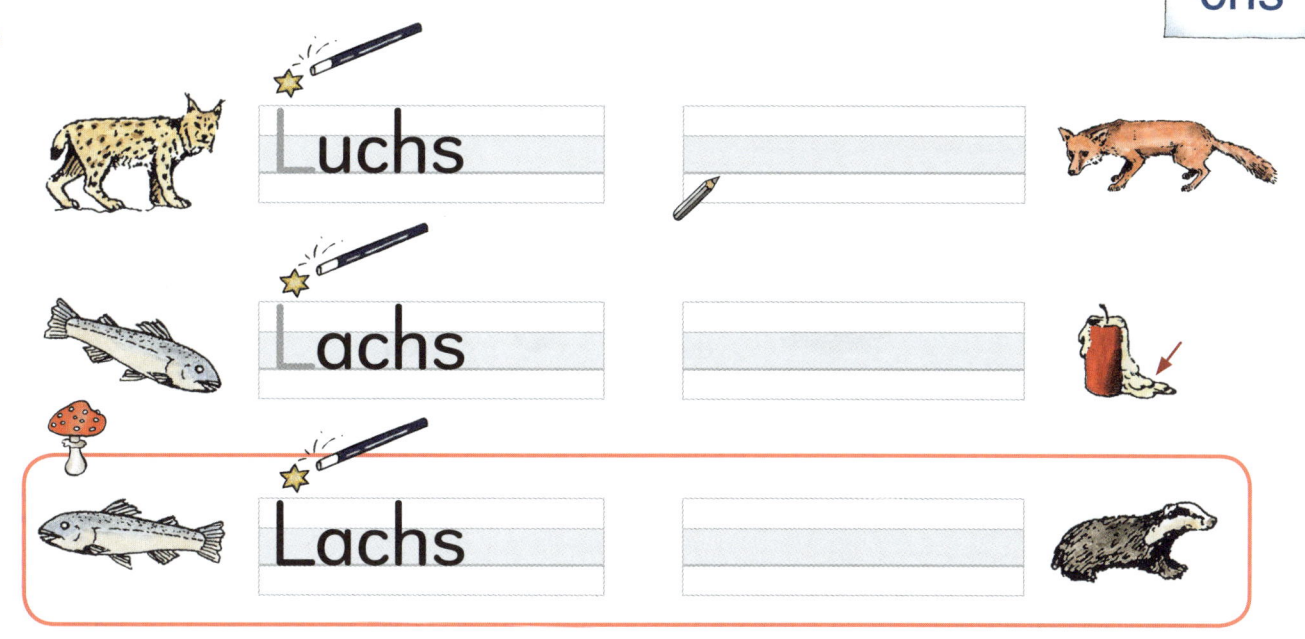

Luchs

Lachs

Lachs

Was passt zusammen?

1	Achse •		• Kerze
2	Wachs •		• Schwanz
3	sechs •		• wachsen
4	Pflanze •		• Rad + Rad
5	Eidechse •		• Fisch
6	Lachs •		• Zahl

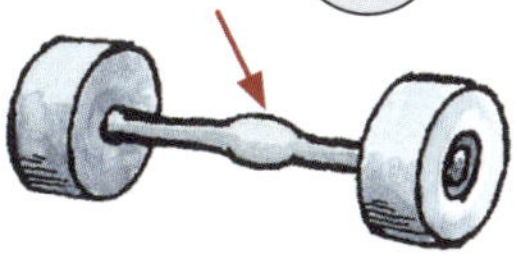

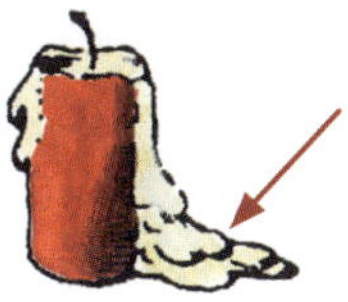

1: (graue) Buchstaben unter den Sternchen jeweils der rechten Abbildung entsprechend austauschen und neues Wort schreiben
2: Wörter der linken Spalte mit passenden Wörtern der rechten Spalte verbinden; Bilder den Wörtern durch Nummerierung zuordnen

Eu eu

 Eu o r

 r e F eu

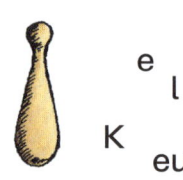 e l K eu

 e n Sch eu

---

A a   E e   ie   I i   O o   U u   Ei ei   Au au   Eu eu

Eule   neun   Zeugnis   Leute   laut   leise

Au/au oder Ei/ei oder Eu/eu?

1. der B **eu** tel   ○    ○    ○

2. der Z   berer

3. das Kr   z   ○   ○    ○

4. der St   n

5. das   ge   ○    ○    ○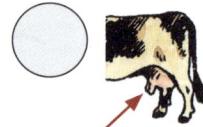

6. die Fr   nde

 7. das   ter   8. das Kl   d   9. der H   h   fen

---

1: Wörter mithilfe der vorgegebenen Buchstaben verschriften
2: Vokale rot nachspuren, Silbenbögen zeichnen
3: Lückenwörter durch Einsetzen von Au/au, Ei/ei oder Eu/eu ergänzen, das passende Bild durch Nummerierung zuordnen

tz

1 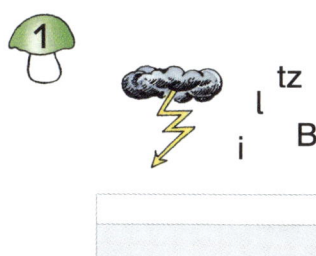 l tz
i B

 tz e
N

 K a
e tz

 tz
a Sch

_____ _____ _____ _____

2

Was **tun** die Tobis? Schreibe immer den Satz fertig.

Die Tobis **sitzen** auf einem Platz im Freien.

Sie _____ bei der Hitze.

Opa _____ seine Brille.

Oma _____ eine schmutzige Pfanne sauber.

Papa _____ ein Netz.

Ole _____ hinter einer Katze her.

Ela _____ ihren Schatz heraus.

Die bunten Steine _____ .

Es wird finster. Schon _____ es.

putzt

~~sitzen~~

glitzern

repariert

flitzt

schwitzen

blitzt

kratzt

holt

1: Wörter mithilfe der vorgegebenen Buchstaben verschriften
2: Sätze mit passenden Verben aus dem Kasten ergänzen

Sp sp

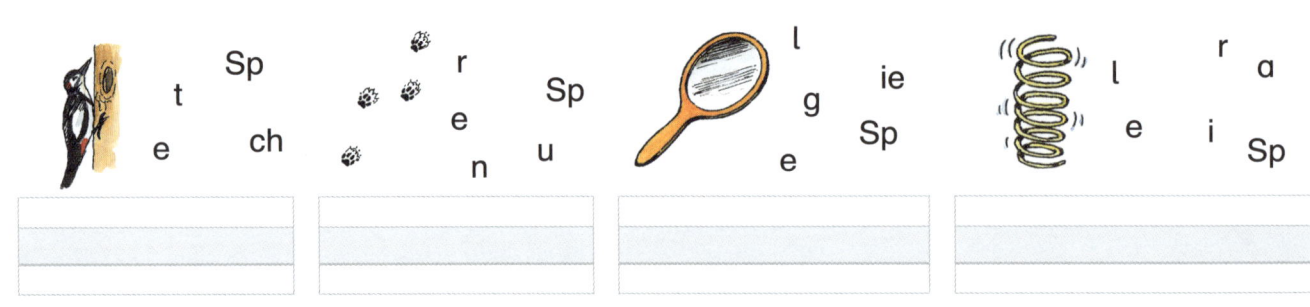

1

t Sp	r Sp	l	r a
e ch	e	ie	l
	n u	g Sp	e i Sp
		e	

2

Spure das **Sp** oder **sp** wie in **blau** nach.

Spure das **Sp** oder **sp** wie in **nicht** nach.

Spur spielen Knospe Sport Spuk Spiel

sparen wispern Sprache lispeln

sprechen Spiegel Kasper spitz Wespe

3

Hier stimmt etwas nicht.

Streiche in allen Zeilen das falsche Wort durch.

① **Specht** Spirale Spritze Spatz **Spalte** *Sponge* **Spinne**

② springen stehen **spechen** spielen staunen *spazieren* *sparen*

③ spitz spannend sportlich spat **sparsam** speckig **spritzig**

④ Spitze **Spiel** *Sprudel* Sportler *Spinat* Spart **Spange** Spur

---

1: Wörter mithilfe der vorgegebenen Buchstaben verschriften
2: Wörter nach dem Klang des *Sp/sp* abhören und in den angegebenen Farben nachspuren
3: Aufgabe gemäß der Anweisung durchführen

Reime mit Sp

1 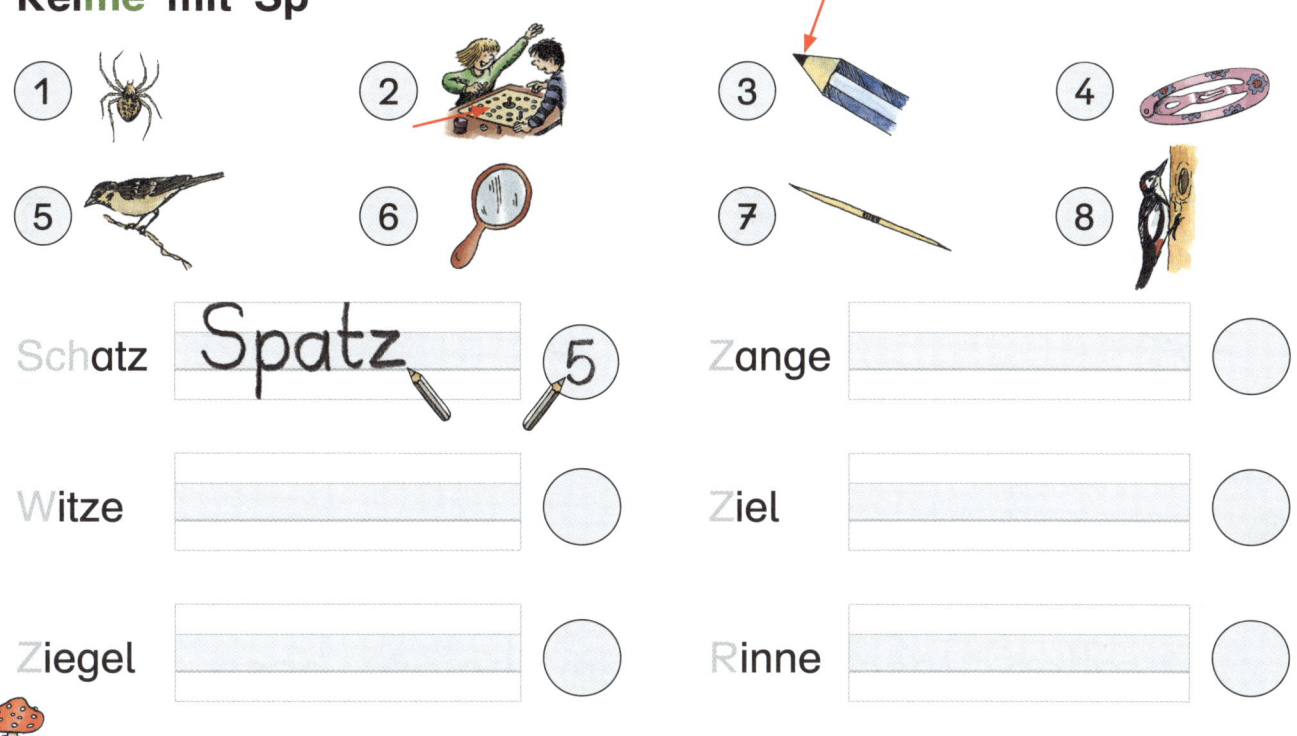   2   3   4

5   6   7   8

Schatz **Spatz** ⑤   Zange ◯

Witze ◯   Ziel ◯

Ziegel ◯   Rinne ◯

Hecht ◯   Meer ◯

 Spiegel-Spuk

Die Burg spiegelt sich

in einem See.

Mit dieser Burg stimmt

etwas nicht.

Im Spiegelbild sind zehn Fehler.

Findest du sie?

Ein Spiegel kann dir dabei

helfen.

Kreise alle Fehler ein.

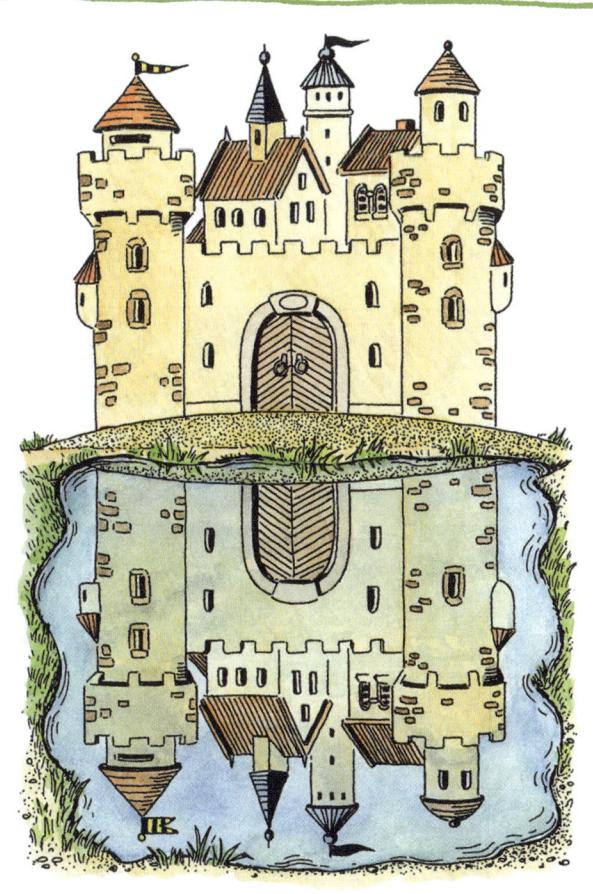

1: mithilfe der Bilder zu den Wörtern passende Reimwörter finden, aufschreiben und Bildnummer notieren
2: Aufgabe gemäß der Anweisung durchführen (Lösungen: s. Handreichungen unter Einheit *Sp/sp*)
→ **TEST 5** (Das kann ich schon)

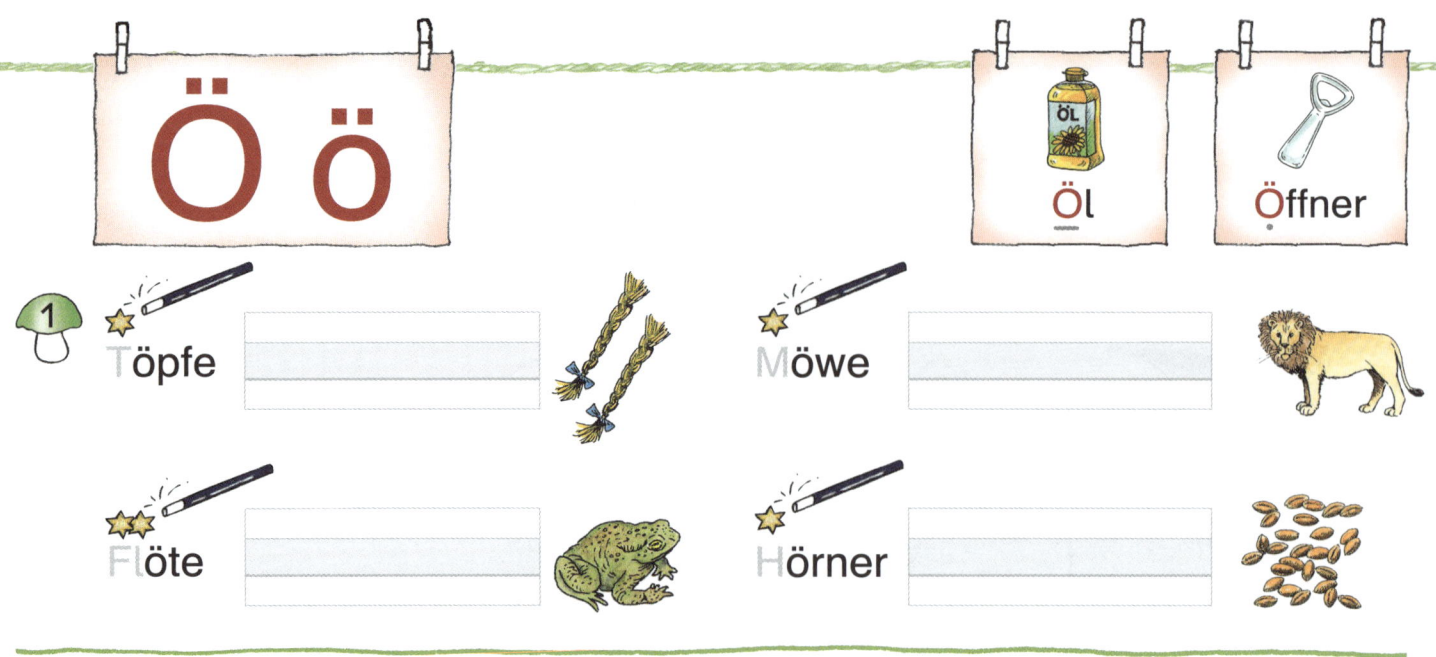

Ö ö

Öl

Öffner

1 ⭐ Töpfe

⭐⭐ Flöte

Möwe

Hörner

---

2 Aus einigen **O/o** müssen **Ö/ö** werden. Es sind ☐ **Ö/ö**.

rollen   löschen   storen   holen   bose   rodeln

hoflich   Hohle   Bohrer   Hoffnung   Offnung

Konig   Honig   Ol   Glocke   zogern   Lowe

---

3 Was passt wohin? Schreibe die Zahlen in die Kreise.

① Es blökt.   ② Er ölt.   ③ Er hört zu.

④ Er döst.   ⑤ Sie öffnet.

1: graue Buchstaben unter den Sternchen jeweils der rechten Abbildung entsprechend austauschen und neues Wort schreiben
2: Aufgabe gemäß der Anweisung durchführen

J j

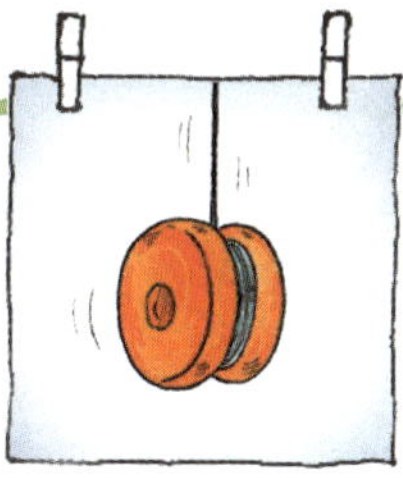

1

d o
Ju ck e
a J

r t
o u g
J

ng e
J u

2

⭐ Jammer

⭐ Zunge

⭐ Januar

⭐ Hacke

⭐ Jacht

⭐ Juni

siebter Monat im Jahr

3

Beantworte die Fragen. Schreibe **ja** oder **nein**.

1　Bist du jetzt in der Schule?

2　Hat jeder Junge kurze Haare?

3　Hat Ela oft eine blaue Jacke an?

4　Gibt es Jogurt mit Erdbeeren?

5　Hat ein Jahr zwölf Monate?

6　Kommt der Juli nach dem Juni?

1: Wörter mithilfe der vorgegebenen Buchstaben verschriften
2: (graue) Buchstaben unter den Sternchen jeweils der rechten Abbildung entsprechend austauschen und neues Wort schreiben
3: Aufgabe gemäß der Anweisung durchführen; DIFF: eigene Fragen stellen und mit *ja* oder *nein* beantworten lassen – P/G

Ü ü

Tür   Schüssel

© 2016 Cornelsen Schulverlage GmbH, Berlin.
Alle Rechte vorbehalten.

1

(1) Rübe   (2) Tüte   (3) Bürste   (4) Schlüssel   (5) Bügel

(6) Hügel   (7) Gürtel   (8) Rüssel   (9) Gemüse   (10) Füller

2   Aus **eins** mach **zwei**:

 Kühe

 Hut

 Krug

Buch

Mund

Tuch

3   Aus einigen **U/u** müssen **Ü/ü** werden.   Es sind ____ Ü/ü.

Uhr   Küche   Butter   Wurst   Flugel   Tute

Gemuse   Hut   Gluck   Brunnen   Fruhstuck

Bus   Gurtel   Kuh   Huhn   Brucke   Wut

1: Bilder den Wörtern durch Nummerierung zuordnen
2: jeweils ein zweites Bild zeichnen und aus dem Singular den Plural bilden (*u → ü*)
3: Aufgabe gemäß der Anweisung durchführen

1

Reimwörter mit ü

| Flü | Tü | Bü | Blü |

1 Reimwörter, die auf ⟩ te ⟨ enden:

die Blüte

2 Reimwörter, die auf ⟩ gel ⟨ enden:

2

Eine Geschichte mit Lügen

Male die Kreise bei den Lügen
rot aus.
Alle anderen Kreise sollen
grün werden.

⟳ Papa wandert in die Wüste.

⟳ Am Wegrand steht eine alte Mühle.

⟳ Die Windmühle hat fünf Flügel.

⟳ Bei einer alten Hütte sieht Papa ein paar Hühner.

⟳ Auf der Brücke kommt ihm ein dünner Kobold entgegen.

⟳ Der Kobold hat eine grüne Mütze auf.

Überlegt
gemeinsam!

1: mithilfe der Anfangs- und Endsilben zu den Bildern passende Reimwörter finden und mit Artikel aufschreiben
2: Kreise vor den Sätzen gemäß der Anweisung rot bzw. grün anmalen – P

Ü ü

 Bücher

Mama liest am liebsten Gruselgeschichten.

Ela mag Bücher mit Elfen und Trollen.

Alo liest gern Bücher über Drachen.

Was liest du gern für Bücher?

Mein Lieblingsbuch:

Titel ⟶

Autor ⟶

Bild ⟶

Das Buch handelt von …

Ich mag das Buch, weil …

Das Buch ist spannend, weil …

1: zum Lieblingsbuch malen und schreiben;
Buch in der Klasse vorstellen, sich über Lieblingsbücher in der Klasse austauschen – G

Ä ä

Käse

Äpfel

 1 Aus **eins** mach **zwei**:

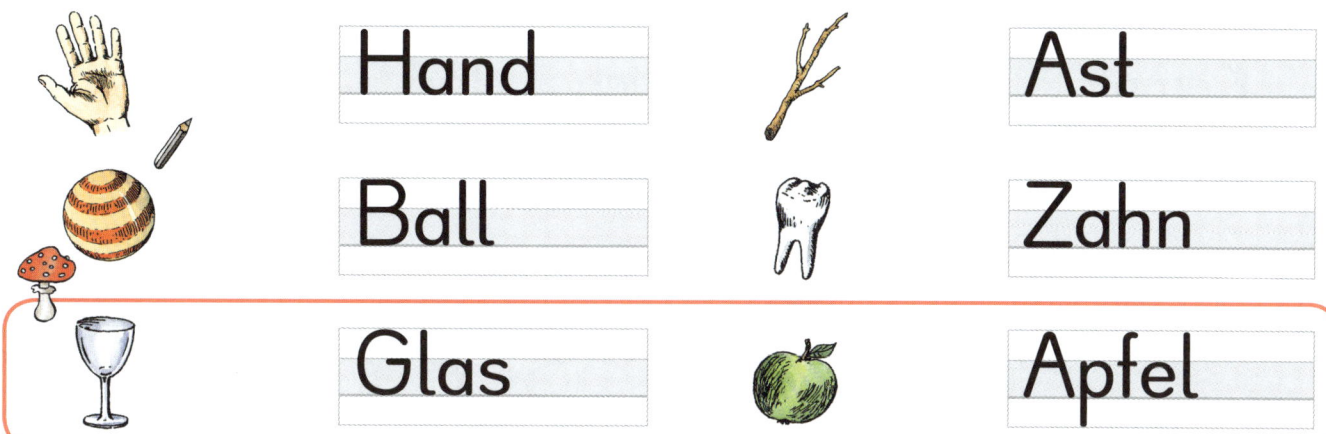

Hand   Ast

Ball   Zahn

Glas   Apfel

 2   **Ein Rätsel**

| Zäh | Mäd | Bä | ~~sche~~ | ~~chen~~ | cker |
| Mär | Wä | ~~Päck~~ | chen | chen | ne |

Ein klei**nes** Pa**ket** ist ein   **Päck**   .

Brot und Brö**tchen** backt der _____ .

A**lo** ist ein Junge und E**la** ist ein _____ .

Mehr als zehn _____ sind in dei**nem** Mund.

Rot**käpp**chen ist ein Mäd**chen** in ei**nem** _____ .

Ih**re** _____ wa**schen** die To**bis** in ei**ner** Wan**ne**.

1: jeweils ein zweites Bild zeichnen und aus dem Singular den Plural bilden (a → ä)
2: Sätze ergänzen: zu den Sätzen passende Wörter aus den vorhandenen Silben bilden

Ä ä

1 Aus einigen **A/a** müssen **Ä/ä** werden. Es sind ____ **Ä/ä**.

Arm   Ärmel   Ratsel   raten   Angst   angstlich

Kampf   kampfen   taglich   Tag   Hande   Hand

backen   Backer   warm   Warme   tragen   spat

2

Was kann das sein?

Rätsel

Wenn du sie schälst, gibt es Tränen.

Male sie.

Rätsel

Sie geht täglich auf und unter.

Male sie.

3

Er   er   zähl   en   t   ung

zähl t

zähl en

er zähl t

Er zähl ung

Mama ____ eine Geschichte.

Die ____ handelt von einem Schäfer.

Der Schäfer will seine Schafe ____ .

Er ____ so lange, bis er beim Zählen einschläft.

1: Aufgabe gemäß der Anweisung durchführen
2: Rätsel-Lösungen zeichnen – DIFF: eigene Rätsel schreiben – P/G
3: Sätze lesen, fehlende Wörter aus Wortbausteinen zusammensetzen bzw. mit den passenden Bausteinwörtern ergänzen

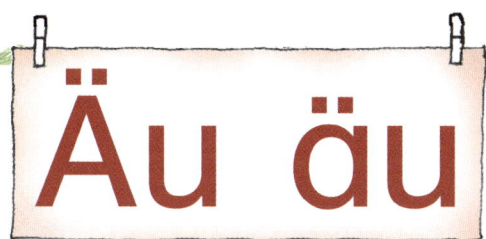

Äu äu

Häuser

1

eine	zwei	ein	zwei
Laus	Läuse	Traum	
Faust		Raum	
Maus		Haus	

2

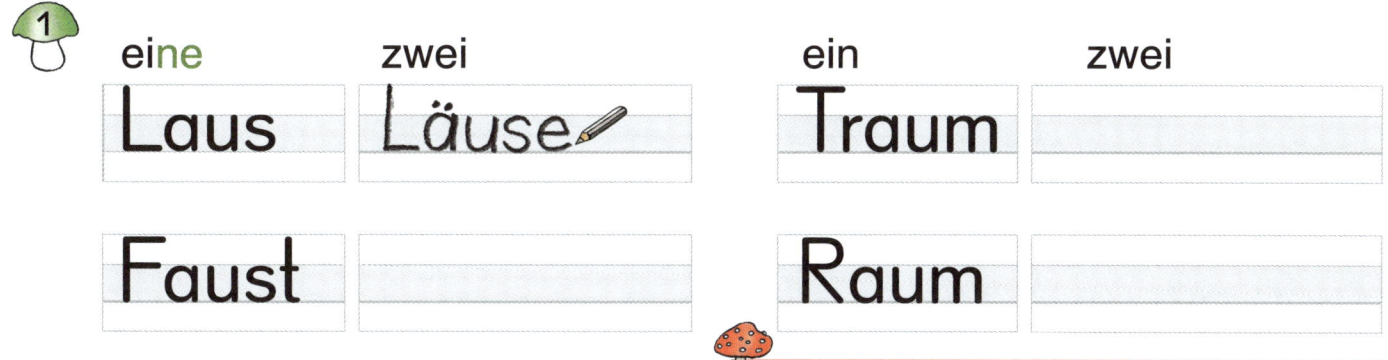

Räu	Läu		ter		fer
Säu	Kräu		ber		le

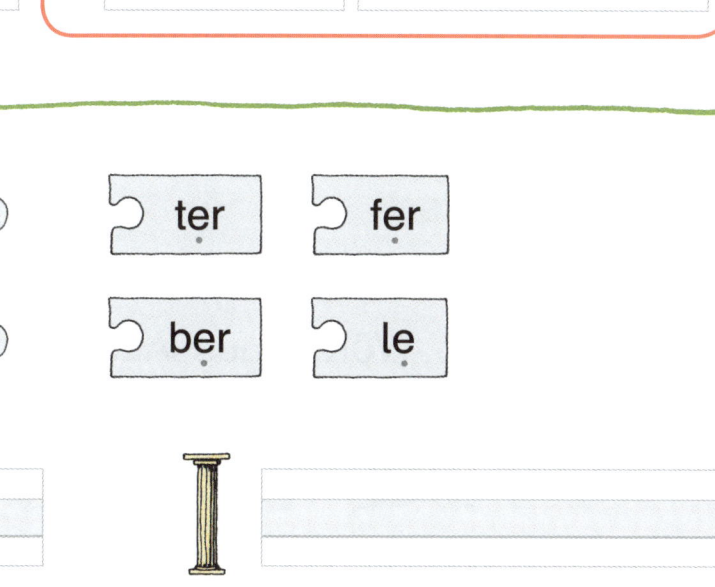

der

3

Aus einigen **au** müssen **äu** werden.   Es sind   **äu**.

Baum   Spitzmaus   Gebaude   Bauer   haufig

Krauter   Wettlauf   Laufer   Staub   Saule

Braut   Bräutigam   Rauber   traumen   bauen

1: jeweils aus dem Singular den Plural bilden (au→äu)
2: zu den Bildern passende Wörter aus den vorhandenen Silben bilden und mit Artikel schreiben
3: Aufgabe gemäß der Anweisung durchführen

Qu qu

1 Schreibe die Wörter mit **Qu** im Kasten farbig nach.

1 Quadrat ✓
2 Quark
3 Quartett
4 Qualle
5 Qualm
6 Quelle
7 Quirl
8 Quatsch

2 Ordne die Wörter aus Aufgabe 1 den Bildern zu.

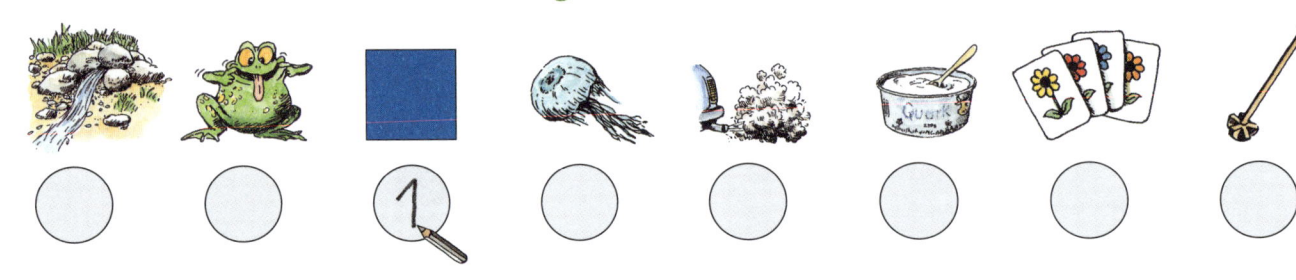

3 **Wer tut was?**

Der alte Ofen *qualmt*.

Der Frosch _____ laut.

Die Ferkel _____.

Mama _____ Zitronen aus.

Achte auf die Endung!

quieken
quaken
quetschen
qualmen

1 und 2: Aufgabe gemäß der Anweisung durchführen
3: Sätze mit passenden Verben aus dem Kasten ergänzen, dabei die richtige Personalform verwenden

V v

 1 Schreibe alle **V** und **v**, die wie **f** klingen, **blau** nach.

Schreibe alle **V** und **v**, die wie **w** klingen, **violett** nach.

Vase Vogel Vulkan vier Pulver

Kurve Veilchen Vampir Verkehr

vor Ventil voll Vater Verein

viel Vorname Vorsicht Klavier

 2 Verbinde die Wortteile. Ein Wort ist immer verkehrt.

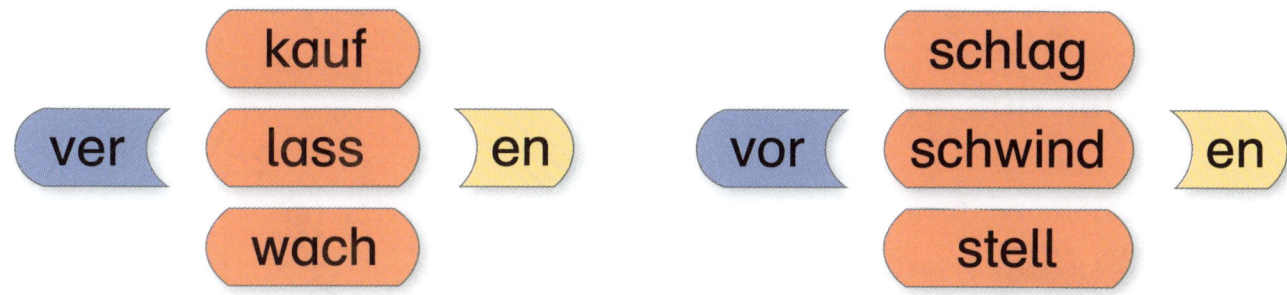

ver — kauf / lass / wach — en

vor — schlag / schwind / stell — en

 3 Ordne die Wörter den Bildern zu.

① vier ② das Klavier ③ der Vogel ④ der Vampir

⑤ der Vater ⑥ der Vulkan ⑦ die Kurve ⑧ der Verkehr

1: Wörter nach dem Klang des *V/v* abhören und in den angegebenen Farben nachspuren
2: Wörter zusammengesetzt lesen und verbinden, nicht passenden Wortstamm durchstreichen
3: Bilder den Wörtern durch Nummerierung zuordnen

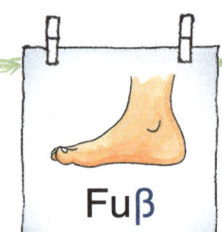

Fuß

ß

1 Welches Wort passt am besten?

schie ⬡ bei ⬡ rei ⬡ schlie ⬡ flie ⬡ gie ⬡ ⬡ ßen

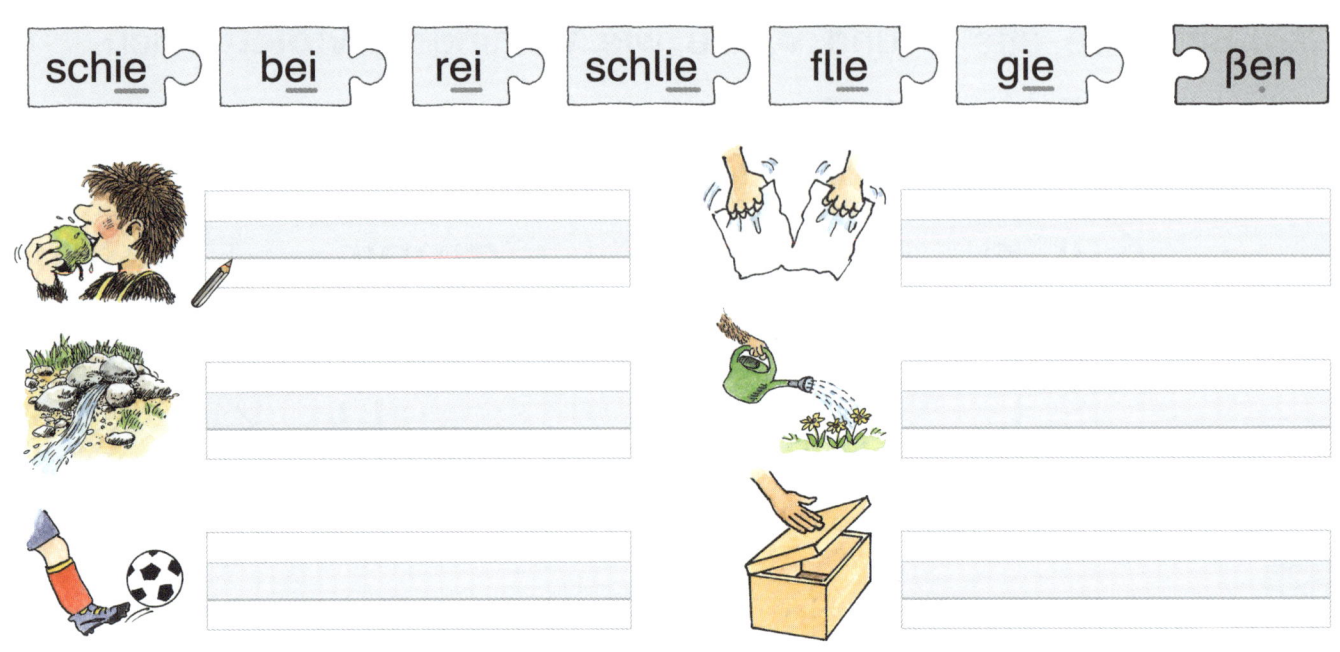

2 Was ist das bloß?

Er ist ein Strauß ganz ohne Blumen.

Dieser Schuh ist nicht für die Füße gemacht.

Das ist ein Zahn, der nicht beißen kann.

Er vergeht, wenn es heiß wird. Er entsteht, wenn es weiß und kalt ist.

© 2016 Cornelsen Schulverlage GmbH, Berlin. Alle Rechte vorbehalten.

1: zu den Bildern passende Verben aus den vorhandenen Silben bilden und schreiben
2: zu den Rätseln Lösungsbilder vom Klebebogen 2 suchen und passend aufkleben – P

X x

Hexe

Hexe   Mixer   Lexikon   Axt   Taxi

 die

 Was ist wahr? Kreuze die richtigen Aussagen an.

 Äxte nennt man auch Beile.

 Mit einem Mixer kocht man Wasser.

 Ein Lexikon ist ein dickes Buch.

 In vielen Märchen kommt eine Hexe vor.

 Boxer laufen um die Wette.

 Es gibt extra Wege für Fußgänger.

 Jedes Taxi hat einen Anhänger.

1: zu den Bildern passende Wörter finden und mit Artikel abschreiben
2: Aussagen prüfen und gemäß der Anweisung ankreuzen;
   DIFF: eigene Aussagen finden und mit *wahr* oder *nicht wahr* beantworten lassen – P/G

1 **Die kleine Hexe Lillifee**

Die kleine Hexe Lillifee
eilt in die Hexenküche,
bereitet einen Hexenbrei,
spricht dazu Hexensprüche.

Hexenwasser, Feuersglut!
Koche Süppchen! Gut, gut, gut!

Ein Hasenfell, ein Hühnerei,
die wandern in den Topf.
Dazu ein großer Löffel Schmalz
und auch ein Fische-Kopf.

Stinkefisch und Hasenfell!
Koche Süppchen! Schnell, schnell, schnell!

Der Mixer ist ein Besenstiel.
Sie rührt damit den Brei.
Der Rabe Max, die Katze Nix,
die eilen schnell herbei.

Rabe Max und Katze Nix,
kommt zum Essen, fix, fix, fix!

2 Welche Zutaten kommen in den Topf der Hexe?
Unterstreiche die passenden Stellen im Text.

1: Gedicht (DIFF: ggf. verkürzt) lesen, üben und vortragen – E/P/G
2: Aufgabe gemäß der Anweisung durchführen

C c

 1

1  2  3  4  5

6  7  8  9

( ) der Clown   ( ) der Computer   ( ) die Cola

( ) der Cent   ( ) das Popcorn   ( ) die Creme

( ) der Comic   ( ) der Campingplatz   ( ) die Couch

---

 2 Welches Bild von Aufgabe 1 passt? Schreibe das Wort.

Das ist eine Münze.

der

Er bringt uns zum Lachen.

Das Getränk enthält viel Zucker.

---

 3 Papa schreibt die Wörter, wie man sie spricht.
Schreibe sie richtig.

Klaun _____   Kautsch _____

Krem _____   Kompjuta _____

1: Bilder den Wörtern durch Nummerierung zuordnen
2: zu den Aussagen passende Begriffe (aus Aufgabe 1) finden und mit Artikel abschreiben
3: zu der Lautschrift passende Wörter (aus Aufgabe 1) finden und abschreiben

 C c

Comic

Im Zirkus Carlino wurde einer Dame ein Diamantring gestohlen.
Kommissar Cornelius befragt einige Personen.

Clown Claudio ist aufgefallen,
weil er eine blaue und keine
rote Nase hat.

Carmen Caruso ist die Künstlerin
mit den lila Lippen.
Sie liebt Schmuck über alles.

Der Messerwerfer mit der roten
Nelke nennt sich Graf Dracula.
Er sieht finster aus.

Ben Benson hat einen Ring
im Ohr. Aber hat er auch
den Diamantring?

Wer war
es bloß?

Kommissar Cornelius findet
keine Spur. Der Affe Coco
begleitet ihn hinaus.

Am Ausgang stutzt Cornelius
und bleibt stehen.
Was hat er entdeckt?

1: sinnerfassendes Lesen: Ergänzen der Bilder nach Angaben in den Texten;
schriftliches Beantworten der letzten Frage (*Was hat er entdeckt?*)

Y y

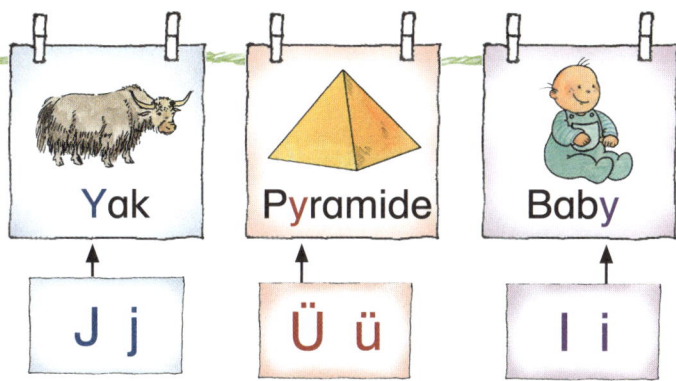

Yak   Pyramide   Baby

J j   Ü ü   I i

 1

Y und **y** können klingen wie:

Wie klingt das **Y** oder **y** in den folgenden Wörtern?

Wenn es wie **j** klingt, schreibe es **blau** nach.

Wenn es wie **ü** klingt, schreibe es **rot** nach.

Wenn es wie **i** klingt, schreibe es **lila** nach.

① Hyäne   ② Pyramide   ③ Hyazinthe

④ Yeti   ⑤ Baby   ⑥ Zylinder

⑦ Python   ⑧ Handy   ⑨ Gymnastik

 2

Ordne die Wörter aus Aufgabe 1 den Bildern zu.

      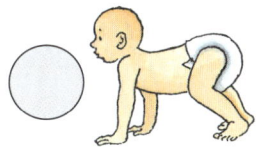

1: Wörter nach dem Klang des *Y/y* abhören und in den angegebenen Farben nachspuren – P
2: Wörter (aus Aufgabe 1) den Bildern durch Nummerierung zuordnen

 Das verflixte Labyrinth

① Was liegt auf dem Weg zwischen dem Yeti

und dem Teddy? ein

② Was liegt auf dem Weg zwischen der Pyramide

und der Python?

③ Was liegt auf dem Weg zwischen dem Pony

und dem Xylofon?

1: den jeweils angegebenen Weg im Labyrinth nachspuren, auf dem Weg liegenden Gegenstand finden und das entsprechende Wort mit unbestimmten Artikel in die Antwortzeile schreiben
→ TEST 6 (Das kann ich schon)

Tobi

Wortschatz

Cornelsen

Name

Wortschatz-Heft zum Heraustrennen

Häufige Wörter

A a
aber
acht
alle, alles
als
also
am
an
auch
auf
aus

B b
bald
bei
bis

D d
da
dann
das
dem
der
dich
die
diese
dir
doch
drei
du

E e
ein, eine
einmal
eins
er
es

F f
fünf
für

G g
ganz
gegen

H h
her
hinter

I i
ich
ihr, ihm
im
immer
in
ist

J j
ja
jetzt

M m
man
mein, meine
mir
mit

N n
nach
nein
neun
nicht
noch
nun
nur

O o
oder
ohne

S s
schon
sechs
sehr
sich
sie
sieben
sind
so

U u
über
um
und
uns

V v
viel
vier
von
vor

W w
wann
was
weg
weil
weiter
wenn
wer
wie
wieder
wir
wo

Z z
zehn
zu
zum
zwei

aber
acht
alle
als …

Wie viele Wörter kannst du in einer Minute lesen?

A a

alt, älter
die **Ameise**, die Ameisen
antworten, er antwortet
der **Apfel**, die Äpfel
arbeiten, sie arbeitet
der **Arm**, die Arme
die **Aufgabe**, die Aufgaben
das **Auge**, die Augen
das **Auto**, die Autos

bringen, er bringt
das **Brot**, die Brote
der **Bruder**, die Brüder
das **Buch**, die Bücher
bunt

B b

das **Baby**, die Babys
backen, er backt
der **Ball**, die Bälle
die **Bank**, die Bänke
der **Baum**, die Bäume
das **Bein**, die Beine
die **Biene**, die Bienen
das **Bild**, die Bilder
die **Birne**, die Birnen
blau
bleiben, er bleibt
die **Blume**, die Blumen
die **Blüte**, die Blüten
böse
brauchen, sie braucht
braun

C c

der **Cent**, die Cents
der **Clown**, die Clowns
der **Computer**, die Computer

D d

das **Dach**, die Dächer
danken, sie dankt
denken, er denkt
dick
die **Dose**, die Dosen
dreckig, dreckige
dunkel
dürfen, sie darf

Fenster
Bruder

---

hier falten

T t

der **Tag**, die Tage
die **Tante**, die Tanten
die **Tasche**, die Taschen
die **Tasse**, die Tassen
der **Tisch**, die Tische
traurig, traurige
trinken, er trinkt
tun, sie tut
turnen, er turnt

U u

üben, sie übt
die **Uhr**, die Uhren
unten

V v

die **Vase**, die Vasen
der **Vater**, die Väter
verkaufen, er verkauft
der **Vogel**, die Vögel

W w

der **Wald**, die Wälder
warm
warten, er wartet
das **Wasser**
der **Weg**, die Wege
weit
das **Wetter**
die **Wiese**, die Wiesen
der **Wind**, die Winde
der **Winter**
die **Woche**, die Wochen
der **Wolf**, die Wölfe
die **Wolke**, die Wolken
wollen, sie will
das **Wort**, die Wörter
wünschen, er wünscht
die **Wurzel**, die Wurzeln

Z z

die **Zahl**, die Zahlen
zählen, er zählt
der **Zahn**, die Zähne
der **Zaun**, die Zäune
zeigen, sie zeigt
die **Zeit**, die Zeiten

Jahr
Fehler

3

G g

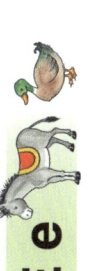

die **Gabel**, die Gabeln
der **Garten**, die Gärten
geben, er gibt
gehen, sie geht
gelb, gelbe
das **Geld**
das **Gemüse**
das **Glück**
das **Gras**, die Gräser
groß
grün
gut

E e

das **Ei**, die Eier
das **Eis**
das **Ende**, die Enden
endlich
eng
die **Ente**, die Enten
der **Esel**, die Esel
essen, er isst
die **Eule**, die Eulen
der **Euro**, die Euros

H h

das **Haar**, die Haare
haben, er hat
die **Hand**, die Hände
der **Hase**, die Hasen
das **Haus**, die Häuser
das **Heft**, die Hefte

Glück schmecken

F f

fahren, sie fährt
die **Familie**, die Familien
der **Fehler**, die Fehler
das **Fenster**, die Fenster
das **Fest**, die Feste
finden, er findet
der **Finger**, die Finger
der **Fisch**, die Fische
fragen, sie fragt
die **Frau**, die Frauen
der **Freund**, die Freunde
frisch
der **Fuchs**, die Füchse
der **Fuß**, die Füße

---

hier
falten

R r

der **Rabe**, die Raben
die **Raupe**, die Raupen
rechnen, sie rechnet
reden, er redet
der **Regen**
rennen, er rennt
reisen, sie reist
der **Ring**, die Ringe
rollen, er rollt
rot
rufen, sie ruft

die **Schwester**, die Schwestern
der **See**, die Seen
sehen, er sieht
die **Seife**, die Seifen
singen, sie singt
sitzen, er sitzt
sollen, sie soll
der **Sommer**
die **Sonne**
sparen, er spart
das **Spiel**, die Spiele
spielen, sie spielt
der **Sport**
sprechen, er spricht
springen, sie springt
staunen, er staunt
der **Stein**, die Steine
der **Stern**, die Sterne
der **Stift**, die Stifte
die **Straße**, die Straßen
die **Stunde**, die Stunden
suchen, sie sucht

essen Sonne

S s

sagen, er sagt
der **Satz**, die Sätze
scheinen, sie scheint
schenken, er schenkt
die **Schere**, die Scheren
schlafen, sie schläft
schmecken, er schmeckt
der **Schnee**
schneiden, sie schneidet
schnell
schön
schreiben, er schreibt
die **Schule**, die Schulen
schwarz

heiß
helfen, er hilft
heute

die **Hexe**, die Hexen
der **Himmel**
hoch
holen, sie holt
hören, er hört
die **Hose**, die Hosen
der **Hund**, die Hunde
der **Hut**, die Hüte

I i

der **Igel**, die Igel
die **Insel**, die Inseln

J j

das **Jahr**, die Jahre
der **Junge**, die Jungen

Hund
Bild

K k

kalt
die **Katze**, die Katzen
die **Kerze**, die Kerzen
das **Kind**, die Kinder
die **Klasse**, die Klassen
das **Klavier**, die Klaviere
klein
kochen, er kocht
kommen, sie kommt
können, er kann
der **Kopf**, die Köpfe
krank

L l

lachen, sie lacht
laufen, er läuft
laut
leben, sie lebt
legen, er legt
leicht
leise
lernen, sie lernt
lesen, er liest
die **Leute**
lieben, sie liebt
liegen, er liegt
der **Löwe**, die Löwen

hier falten

M m

machen, er macht
das **Mädchen**, die Mädchen
das **Märchen**, die Märchen
der **Mai**
malen, sie malt
der **Mann**, die Männer
die **Maus**, die Mäuse
meinen, sie meint
die **Milch**
müssen, er muss
die **Mutter**, die Mütter

N n

der **Name**, die Namen
die **Nase**, die Nasen
neu
die **Nudel**, die Nudeln

die
liegen

O o

oben
das **Obst**
das **Ohr**, die Ohren
die **Oma**, die Omas
der **Onkel**, die Onkel
der **Opa**, die Opas

P p

das **Paket**, die Pakete
der **Partner**, die Partner
das **Pferd**, die Pferde
die **Pflanze**, die Pflanzen
der **Pilz**, die Pilze
das **Pony**, die Ponys

Qu qu

das **Quadrat**, die Quadrate
quaken, er quakt
der **Quatsch**
die **Quelle**, die Quellen
quer

Mäuse
Bäume